Les aspects transfrontaliers de la contrefaçon

Colloques & Rencontres

Le secteur « Colloques et Rencontres » des éditions L'Harmattan s'est fixé pour but de publier des ouvrages universitaires à caractère collectif dans le cadre de trois rubriques thématiques :

- Lettres et sciences humaines
- Droit, économie et AES
- Sciences et santé

Ce secteur a la double vocation de donner un cadre éditorial cohérent aux chercheurs tout en permettant l'élargissement de leur audience.

Déjà parus

BRYANT Christopher R., LOUDIYI Salma, *Des espaces agricoles dans la métropolisation. Perspectives franco-québécoises*, 2017.

BENA Jonas Makamina, KALAMBA Sylvain Nsapo et VERHAEGHE Samuel (dir.), *Le vivre ensemble aujourd'hui. Approche pluridisciplinaire*, 2017.

DUBRUC Nadine, MEKDESSI Sélim, *Les entreprises libanaises et leur responsabilité sociale. Etat des lieux de la RSE*, 2017.

COUM Daniel (dir.), *Appartenance, identité et filiation. Les liens familiaux en question aux Antilles en général et en Guadeloupe en particulier*, 2017.

BEDDIAR Nadia (dir.), *70 ans de justice pénale des mineurs. Entre spécialisation et déspécialisation*, 2017.

BROBBEL DORSMAN Anne, LAPÉROU-SCHENEIDER Béatrice, KONDRATUK Laurent (Dir.), *Genre, famille, vulnérabilité, Mélanges en l'honneur de Catherine Philippe*, 2017.

SOLBIAC Rodolphe et ALARIC Alexandre, *Littérature et arts postcoloniaux dans l'émergence civilisationnelle caribéenne*, 2016.

DELGA Jacques (Dir.) *Criminalité en col blanc, Délinquance d'affaires, délinquance financière, délinquance fiscale*, 2016.

Sous la direction de
Sébastien Evrard, Jean-Luc Piotraut
et Patrick Tafforeau

Les aspects transfrontaliers de la contrefaçon

L'Harmattan

Actes du colloque organisé par
Patrick Tafforeau, Jean-Luc Piotraut, Sébastien Evrard
à l'Université de Lorraine, Metz 21 mars 2017.

5-7, rue de l'Ecole-Polytechnique, 75005 Paris

http://www.editions-harmattan.fr

ISBN : 978-2-343-13848-0
EAN : 9782343138480

Introduction

À l'instar de la fraude fiscale, la contrefaçon est un fléau que les pouvoirs publics ont bien du mal à juguler. Or, si l'ampleur de cette dernière est mal connue, on sait qu'elle porte atteinte aux intérêts de l'État, privé de recettes importantes, à ceux des entreprises, affectées dans leur chiffre d'affaires et leur image, ainsi qu'à ceux du grand public, compte tenu des atteintes à la sécurité des consommateurs et des suppressions d'emplois auxquelles elle conduit inexorablement.

Si la question n'est pas nouvelle, la mondialisation de l'économie - et des échanges - ainsi que l'émergence du numérique n'ont fait qu'amplifier le phénomène, appelant en particulier une interrogation des aspects transfrontaliers de la contrefaçon. Telle a précisément été la thématique retenue pour ces 5èmes Rencontres lorraines de la propriété intellectuelle, tenues à Metz, le 21 mars 2017, dans cette nouvelle région *Grand Est* qui, disposant d'une frontière commune avec quatre pays, est particulièrement concernée par les phénomènes transfrontaliers. Le présent ouvrage reprend les principales présentations de cette journée d'études.

La contrefaçon transfrontalière y est envisagée suivant trois axes : le point de vue de l'histoire et de l'économie, le cadre juridique et le traitement.

S'agissant de l'histoire, les pouvoirs publics français ont notamment tenté, quoique sans réel succès, de combattre la contrefaçon et la contrebande au cours du XVIIIe siècle (par le biais de commissions fiscales), sous l'Empire et sous la Restauration. D'où la question de la légitimité même – dans une perspective économique – de la lutte contre la contrefaçon.

Centrée sur le droit international privé, l'analyse du cadre juridique de la contrefaçon transfrontalière passe ensuite par la prise en compte des règles de compétence judiciaire et de conflits de lois en la matière, avec un focus particulier sur la question du téléchargement illicite d'œuvre sur internet.

La question du traitement s'illustre enfin dans l'évocation de la contrefaçon transfrontalière en droit comparé franco-allemand et dans l'action des douanes françaises contre la contrefaçon transfrontalière.

Sommaire

Autour de la contrefaçon transfrontalière : la répression judiciaire menée par la Commission de Reims (1740-1790)

Sébastien EVRARD

L'histoire de la contrefaçon a été faite, mais pas son procès qui reste à faire[1]. Cette infraction consiste à tromper le consommateur en dénaturant un produit titulaire d'un droit, protégé par l'État, en en faisant une copie qui imite sciemment l'original.

La contrefaçon constitue une double atteinte : elle touche d'abord les producteurs et distributeurs qui produisent et écoulent le produit authentique et diminue leur part de marché ; elle prive ensuite les pouvoirs publics des taxes qui grèvent le prix de vente. De ce second point de vue, elle est une atteinte grave à l'un des droits régaliens de l'État qui est celui de prélever l'impôt. Comme telle, elle suscite une réaction des pouvoirs publics : il ne saurait être question, en effet, d'admettre la porosité des frontières fiscales, sans quoi les ressources fiscales – et l'adhésion du contribuable au système fiscal – en souffriraient. Or, plusieurs écueils sont considérés comme influençant la contrefaçon : c'est le système fiscal, soit inefficace dans la levée de l'impôt par son taux élevé, soit complexe dans l'organisation des douanes et dans le recrutement de ses agents, à la fois mal considérés et

---

[1] Sur cette thématique, la bibliographie est abondante. Pour s'en tenir aux principaux ouvrages, cf. J. Clinquart, *Les services extérieurs de la Ferme générale*. Paris, 1987 ; A. Ferrer, Tabac, sel, indiennes. La contrebande en Franche-Comté au XVIIIe siècle. *Annales littéraires de l'université de Besançon*, 2002 ; G. Béaur, *Fraude, contrefaçon et contrebande de l'Antiquité à nos jours*. Droz, 2006 ; M. Figeac-Monthus et C. Lastécouères (dir.), *Territoires de l'illicite et identités portuaires et insulaires. Du XVIe siècle au XXe siècle*. Armand Colin, 2012.

mal rémunérés[2]. Ces deux difficultés reposaient sur la coexistence dans l'ancienne France de trois systèmes fiscaux : aux frontières, il existait des privilèges qui permettaient aux habitants de ces territoires de bénéficier de produits bien moins chers. Ainsi, le sel, le tabac étaient-ils très abordables, car vendus avec un rabais de 80 %. Ensuite, des rumeurs persistantes faisaient des douaniers de l'époque des agents peu fidèles et inefficaces.

Au milieu du 18e siècle, l'État français prend conscience d'un mal qui frappe le système fiscal : la contrefaçon est telle qu'elle occupe près de 40 % des marchés considérés (livre, tabac, sel, indiennes[3]). Pire encore, les pouvoirs publics s'inquiètent des moyens auxquels recourent les contrefacteurs : bandes armées - les militaires sont nombreux parmi les contrefacteurs -, violence exercée contre les agents du fisc (Mandrin (1725-1755) en sera le symbole[4]), importations massives de l'étranger, dangerosité de certains produits (le tabac contrefait est parfois mélangé à des matières toxiques)… Ainsi donc, 15 % des recettes fiscales de la monarchie sont menacées si rien n'est fait[5].

La situation est perçue comme étant intolérable à l'autorité de l'État ; la réaction de la puissance publique repose sur deux mesures fortes :

- la création d'une juridiction d'exception, destinée à pallier le laxisme supposé des juges ordinaires,

---

2 Comme on l'a vu dans notre ouvrage, auquel on s'excuse de renvoyer le lecteur : *Gabelous et contrebandiers. Histoire de la ferme générale de Dijon (1760-1780).* Paris, L'Harmattan, 2015.

3 Sur ces matières, cf. M. et M. Vigié, *L'Herbe à Nicot : amateurs de tabac, fermiers généraux et contrebandiers sous l'Ancien Régime*. Paris, Fayard, 1989.

4 C. Townley, *La Véritable Histoire de Mandrin*, Montmélian, 2005 ; G. Peillon, *Sur les traces de Louis Mandrin*, Lyon, Bellier, 2005.

5 C'est, pour ces trois recettes, 84 millions de livres sur les 550 des recettes fiscales globales en 1780.

- l'accroissement des sanctions destinées à frapper les contrefacteurs : elles vont de l'amende à la flétrissure, aux galères et même à la peine capitale en cas de circonstances aggravantes, notamment quand il y a attroupement et violences avec armes.

Ainsi donc, trois produits spécifiques – à savoir tabac, sel, indiennes - nous montrent comment l'État a réagi ; il a mené un combat judiciaire autour d'une juridiction appelée la Commission de Reims, qui avait compétence sur les frontières du Nord et de l'Est. Elle a quatre sœurs érigées sur le même modèle dans l'ouest, dans le sud…[6] Un demi-siècle d'histoire judiciaire (la Commission exerce son activité entre 1740 et 1789) permet de faire désormais le point : a-t-elle combattu avec succès la contrefaçon ? L'action des douanes et de la justice a-t-elle altéré la puissance des contrefacteurs ? Quelles ont été les sanctions infligées aux prévenus ? Leur sévérité a-t-elle permis de dissuader les contrefacteurs de passer à l'acte ? Pour apporter des réponses à ces interrogations, on s'appuie sur un vaste corpus d'archives, dont beaucoup sont inédites[7].

Cette institution judiciaire n'a pas encore livré tous ses secrets ; on évoquera dans un premier temps cette commission envisagée comme une réponse spéciale (I) ; puis dans un second temps ses résultats : une justice certes sévère, mais plutôt inefficace (II).

I) La Commission de Reims : une justice spéciale

Sa compétence s'étend sur 7 des 33 circonscriptions fiscales, soit près du quart du territoire français et sur les endroits

---

[6] Dans l'ordre de leur création : Valence, Reims, Saumur, Paris, Caen.

[7] Ces archives utilisées proviennent de trois endroits :

- les Archives nationales (Paris) dans la série Z^{A1} et dans la série G^1 ;

- les Archives départementales de la Marne, dans la série C (270, 271, 272) ;

- Les Archives départementales de la Moselle (série C).

frontaliers les plus menacés[8]. Cela étant, la Commission suit la procédure criminelle de droit commun ; elle ne déroge donc pas à l'ordonnance des fermes de 1681 considérée comme le « *code du fisc*[9] ». L'emploi de la torture est rare, mais il existe, quand des individus refusent de livrer le nom de leurs complices.

A) Des juges spéciaux : le recrutement de commissaires

Ce recrutement révèle une méfiance de l'autorité financière envers les juges ordinaires, d'où un recrutement particulier de commissaires.

1° Une méfiance envers les tribunaux ordinaires et le recours aux intendants

a) Le laxisme supposé des juges ordinaires

Depuis 1681, l'Etat s'inquiétait de l'attitude des juges ordinaires, qu'il juge responsables, par leur laxisme, de la recrudescence de la contrefaçon. On leur reproche pêle-mêle de modérer exagérément les amendes légales prévues à l'encontre des contrefacteurs, d'éviter d'infliger les peines lourdes et de traîner en longueur les affaires, d'être excessivement attentifs au respect des formes… Leur statut leur offre, en droit, une certaine indépendance d'exercice, car ils sont propriétaires de leurs charges.

En 1740, le Gouvernement pense alors trouver la parade : il contourne la justice ordinaire en créant une justice spéciale qui reprend la compétence d'intenter des poursuites criminelles. Et pour être sûr de ces juges, ils sont des commissaires et non des officiers ; leur statut fait d'eux des personnes révocables *ad mutum* ; ils ne sont donc pas inamovibles comme le sont les

[8] Ce sont les généralités de Lille, Valenciennes, Amiens, Soissons, Châlons-sur-Marne, Metz.

[9] Désirée par Colbert, ce texte expose les droits et obligations des agents du fisc et ceux des contribuables. Pour faire bonne figure, l'ordonnance sera imprimée en petits formats et largement distribuée.

officiers de justice. Dans les faits, ils resteront stables et, pour éviter toute compromission ou indulgence avec les élites locales, ils sont recrutés hors du ressort dans lequel ils sont affectés[10]. Pour le contrôleur-général Orry, il s'agit de frapper un grand coup, les moyens ordinaires ne suffisant manifestement pas (1740).

b) Le recours aux intendants de province

Depuis l'émergence des intendants de province (au milieu du XVIIe siècle), l'État dispose du droit de leur conférer des affaires qu'il retire quand il le veut aux juges ordinaires ; c'est le procédé appelé l'évocation[11]. Lorsque les besoins financiers de la monarchie conduisent à augmenter le taux des impôts indirects, la contrebande connaît une forte recrudescence. À la fin du règne de Louis XIV, le Grand roi confie à certains intendants le soin d'enquêter et de juger des contrebandiers arrêtés. Mais il s'agit d'affaires exceptionnelles, qui impliquent l'usage de la force par les fraudeurs et la présence de bandes armées. Si elles sont souvent menées à bien, ces affaires exigent cependant que le commissaire départi dispose du temps et des moyens humains nécessaires[12]. Et cela coûte de grands moyens, notamment dans le ressort de l'intendance de Champagne : les contrebandiers arrêtés par les forces de l'ordre sont transférés à Paris, où les prisons – notamment celle du Fort-l'Évêque – sont plus sûres qu'elles ne le sont en province, notamment en Champagne. Là, on considère que

---

10 Les commissaires recrutés sont en effet issus des généralités de Dijon, Grenoble, Paris.

11 Par un arrêt, le roi reprend la justice qu'il avait déléguée et l'exerce directement par lui-même, ou renvoie l'affaire vers un juge qu'il a désigné.

12 Nombreux exemples cités dans E.-P. Beaulieu, *Les gabelles sous Louis XIV*. Paris, 1903.

les prisons sont de véritables passoires et les évasions y sont en effet fréquentes[13].

Dès les années 1720, le phénomène des bandes et leur recours à la violence agitent les frontières du nord et de l'est – le duché de Lorraine n'est alors pas concerné (étant encore indépendant du royaume de France). Pour conjurer cette menace, les pouvoirs publics essaient deux méthodes :

- la première consiste à recourir à l'armée, avec, notamment, l'envoi d'une force organisée pour traquer les contrebandiers.
- la seconde consiste à confier aux intendants le soin de veiller au bon emploi du dispositif de la ferme.

2° Un recrutement particulier

Pour bien faire, l'État recrute sept magistrats, soit trois officiers – qui changent donc de statut et deviennent des commissaires – et quatre avocats issus de deux barreaux distincts (ceux de Paris et de Dijon). Tous sont extérieurs à la Champagne où ils résident, afin d'éviter toute suspicion de conflit d'intérêts : dans les années 1730, le contrôle-général des finances avait pesté contre les liens supposés entre certains officiers des gabelles et des notables de la ville de Reims. On croyait y voir la marque de liens particuliers, ce qui suscitait l'ire du contrôleur-général Orry. Bien évidemment, les juges ordinaires ont protesté – en vain toutefois, ainsi ceux de la Cour des aides de Paris[14] – contre cette dépossession. Autre critique, ces commissaires sont rémunérés – et fort

---

13 On en relève une vingtaine, entre 1740 et 1750, en dépit des travaux ordonnés par le contrôle-général ; les Archives départementales de la Marne conservent d'importants documents sur ces évasions (C 270 et suivants).

14 Cf. les remontrances de cette cour, notamment celles rédigées par Malesherbes : M.-T. Allemand-Gay, « Les grandes remontrances de la Cour des Aides et la réforme de l'État, », *Bulletin d'histoire économique et sociale de la Révolution française*, 1976, p. 37-103.

bien, si on les compare aux officiers des tribunaux ordinaires[15] - par la Ferme générale, cette société privée qui lève l'impôt indirect au nom de la puissance publique.

Cependant, ces juges sont compétents, probes ; ils poursuivent tous les contrevenants, y compris les gens du fisc. Ainsi, cette main-d'œuvre, contestée, mérite qu'on s'y arrête ainsi que les moyens d'action de la société (B).

B) La main-d'œuvre du fisc : des gabelous aux méthodes contestables

Forte d'une main-d'œuvre de trente mille agents, la Ferme dispose d'un système structuré et hiérarchique : cependant, cette richesse humaine fait l'objet de critiques récurrentes et le système de collecte s'appuie sur des méthodes très particulières.

1° Une main-d'œuvre critiquée

Si l'on jette un œil sur le personnel du fisc, on se rend compte qu'il est formé de personnes motivées ou, à l'inverse, de personnes qui peinent à se placer ailleurs. Pour elles, la Ferme est une sorte de placement de main-d'œuvre à court terme. En effet, on est étonné devant le caractère précaire de l'emploi : certains n'y restent en effet que quelques jours. La hiérarchie étudie avec soin le personnel de base ; elle exige le respect des consignes, le culte de la hiérarchie et l'application des règles de surveillance appelées les « *panthières* » (rondes du personnel organisées dans un endroit géographique spécifique).

Cela étant, la ferme devait se contenter des volontaires qui la rejoignait. Fort heureusement, la main-d'œuvre du fisc, au temps des Lumières, n'est pas si mauvaise qu'on a pu le

15 Ils sont rémunérés entre six mille et douze mille livres annuelles chacun, soit trois à quatre fois la rétribution des hauts magistrats.

prétendre[16]. D'abord, nombre de recrues sont d'anciens soldats : aguerris, habitués à obéir aux consignes, ils savent aussi faire le coup de feu à l'occasion. Ils ne sont donc pas effrayés à l'idée de tomber sur des contrebandiers armés. Ensuite, entrer dans la Ferme permet d'envisager d'y faire carrière. Cette institution suit soigneusement chacun de ses membres[17] et leur offre, quand les circonstances sont réunies, des perspectives de carrière qui peuvent conduire loin : capitaine-général...

Outre son personnel, sont aussi critiqués les moyens excessifs dont dispose la Ferme.

2° Des moyens contestés

La Ferme générale disposait de moyens juridiques exorbitants pour étayer son action. Quand il s'agit de collecter l'impôt, c'est un droit de l'État qui est en jeu - celui-ci s'efforce donc de rendre la collecte plus aisée. Parmi les prérogatives mises à la disposition du fisc, il existe d'abord celles des visites domiciliaires. Le fisc possédait, en effet, le droit de pénétrer dans les habitations particulières sans l'autorisation d'un juge quand il le voulait. Il pouvait ainsi vérifier si l'habitant possédait des produits frauduleux. Cela aboutit à des excès, à des humiliations sur la base de simples doutes.

En second lieu, le fisc met en place une sorte de police parallèle : il recourt à la délation auprès de personnages parfois peu fréquentables (des délinquants retournés, qui acceptaient de collaborer avec la police). Si la police utilisait ce

---

16 V. Azimi. *Un modèle administratif de l'Ancien Régime. Les commis de la Ferme générale et de la régie générale des aides.* Paris, éditions du CNRS, 1987.

17 La ferme tient des registres du personnel ; chacun y est noté, depuis son entrée jusqu'au moment de son départ, avec des détails sur sa vie professionnelle, sa vie privée, ses qualités comme son défaut. C'est le directeur de chaque direction qui tient à jour ce registre. Pour un exemple concret, cf. notre étude *Gabelous et contrebandiers...*

système des « *mouches*[18] », il reposait sur un système élaboré pour en limiter les abus potentiels. La Ferme possède, elle aussi, un système un peu voisin : des individus lui révèlent des informations confidentielles telles que déplacements de bandes de contrebandiers, passage de convois chargés de produits contrefaits à des lieux précis, l'identité des chefs de bande… Ces délateurs sont remerciés de leurs bons soins soit par un emploi stable dans la Ferme (à Dijon, ils sont recrutés comme simples gardes), soit encore par des récompenses pécuniaires adaptées aux services qu'ils ont rendus[19].

En troisième lieu, le fisc met en place un système d'intéressement du personnel aux saisies et aux arrestations réalisées, tant à l'égard des personnes que des marchandises. Ainsi, le personnel était-il récompensé par des sommes variables en fonction de son zèle… Une délibération du Conseil de la Ferme (7 octobre 1752) met en place cet intéressement. À l'usage, l'intéressement qui est mis en œuvre concourt à améliorer les revenus fixes des agents, surtout pour la hiérarchie qui, elle aussi, perçoit une part des saisies. C'est parfois 40 % de revenus professionnels en plus pour les bénéficiaires, d'après les archives qu'on a consultées[20]. En résumé, voici quelles sont les récompenses pécuniaires offertes aux agents du fisc pour les saisies et les arrestations ; rappelons que ces récompenses sont élevées au regard du revenu des agents du fisc[21].

---

18 La police de Paris en contrôlait près d'un millier en 1740, pour 600 000 habitants, dont un tiers percevait une rémunération régulière : V. Milliot, « L'admirable police ». *Tenir Paris au siècle des Lumières*. Paris, Champ vallon, 2016.

19 On cite plusieurs exemples dans *Gabelous et contrebandiers…*

20 Pour ne pas alourdir les notes, on donnera de plus amples détails dans un futur ouvrage consacré à la Commission de Reims.

21 Un garde perçoit 300 livres annuelles, un brigadier 450.

Les récompenses offertes aux agents du fisc (l. : livres)			
porte-col	6 l.	porte-col récidiviste	30 l.
contrebandier à cheval	15 l.	minot de sel	1 l.
contrebandier armé	25 l.	femme seule	3 l.
prévenu cond. aux galères	50 l.	femme en attroupement	10 l.

Source : délibération de la Ferme (7 octobre 1752)

C'est ensuite sur les sanctions que la Commission de Reims dispose de prérogatives judiciaires : poursuivre les prévenus, reconnaître leur culpabilité et les condamner.

C) Infractions et sanctions

Après avoir envisagé les incriminations, on s'intéressera ensuite aux sanctions possibles.

1° Les incriminations

Elles portent sur cinq champs de compétences mentionnées par les lettres patentes de novembre 1765 ; les personnes peuvent être évidemment des particuliers – à l'exception des corps privilégiés que sont le clergé et la noblesse, qui échappent à la compétence de la Commission[22] -, mais aussi les personnes morales : les communautés d'habitants sont tenues pour responsables des agissements de leurs administrés. Ces incriminations sont les suivantes :

- l'infraction générale d'introduction de marchandises en contrebande, soit que le fait soit commis isolément, soit qu'il l'est en réunion ;

- de réunions avec ou sans violences qui consisteraient dans le transport de tels produits. Les lettres patentes de novembre 1765 évoquent ainsi les « *marchandises de contrebande, faux sel, faux tabac* » ;

- les actes commis par des personnes préjugées suspectes : tels que vagabonds, particuliers déjà condamnés à des peines comme le bannissement, l'amende honorable, peines corporelles…

[22] Ce principe est encore rappelé dans les lettres patentes de 1765.

- des actes de personnes réunies ensemble au même endroit, appelés « *attroupement* ». L'attroupement est considéré comme étant une infraction pénalement grave : il est constitué si les contrebandiers sont armés et au nombre de trois ; s'ils ne sont pas armés, il faut qu'ils soient au moins cinq. Cet élément concerne le transport et le vol de produits mentionnés plus haut.

- les actes commis par les employés du fisc contre cette administration : sont ainsi visés les détournements, vols de marchandises dont la Ferme générale possède le monopole, mais aussi entretenir des relations prohibées avec des particuliers[23].

Quand elles sont reconnues comme constituées, ces incriminations font l'objet de sanctions.

2° L'arsenal des sanctions existantes

Il suit une graduation précise : si l'on suit les sanctions depuis la plus faible vers la plus élevée, on trouve l'admonestation, le carcan, l'amende, le bannissement, la flétrissure, les galères[24], la mort par pendaison, la mort par la roue. Quant au matériel utilisé pour commettre l'infraction, il fait aussi l'objet d'une saisie provisoire, que la justice peut attribuer au fisc (chevaux et moyens de transport, armes…).

Les juges prononcent la sanction au regard des faits objectifs : l'infraction est plus sévèrement punie quand l'infraction a lieu en réunion, la nuit et à main armée. Si ces éléments sont réunis, c'est une peine sévère qui attend le contrevenant. Parfois, la justice parvient à démasquer la tête d'un réseau

---

23 Pour des détails supplémentaires sur ce point, on se permet de renvoyer le lecteur aux actes (à paraître) du colloque international d'histoire du droit de Tours, 1-3 juin 2017, *La responsabilité*, et notre communication relative à *la responsabilité des agents du fisc dans l'ancien droit.*
24 J.-G. Petit, *Histoire des galères, bagnes et prisons (XIIIe-XXe siècles)*. Paris, 1991.

criminel de contrefaçon ; ce sont ces criminels bien dissimulés dans l'ombre que les juges cherchent à frapper[25].

Ainsi, en apparence, les moyens mis à la disposition du fisc sont de grande ampleur ; sont-ils efficaces pour autant ? C'est la question à laquelle on se propose de répondre : les résultats sont certes spectaculaires, mais inefficaces (II).

II) Des résultats spectaculaires…. cependant peu efficaces

Si cette justice sanctionne avec vigueur les actes de contrefaçon (A), elle apparaît cependant comme inefficace (B).

A) Une justice sévère

La sévérité affichée des commissions fiscales, dans l'esprit des contemporains, n'était pas un mythe : Diderot, notamment, dénonçait ces «*juges de sang*» auxquels il reprochait leur ardeur à punir. En élaborant des tableaux construits à partir des décisions judiciaires rendues par la commission de Reims, on aboutit à un schéma des sanctions prononcées (1°) et des saisies réalisées (2°).

1° Condamnations relevées

Les archives judiciaires restent une mine inépuisable d'informations ; elles révèlent la profession des prévenus, leurs infractions et les sanctions prononcées par le juge[26]. Certainement Diderot exagérait lorsque, dans son conte les *Deux Amis*, il écrit que, des quatre tribunaux pour la contrebande qui existaient alors, le plus sévère est « *celui de Reims que préside un nommé Coleau, l'âme la plus féroce que la nature ait encore*

---

25 L'un d'eux, condamné à la peine capitale, sollicitera la grâce du roi : elle lui sera refusée, après l'intervention du président de la Commission de Reims et la sanction sera ainsi exécutée. Pour se justifier, ce magistrat s'appuie sur le rôle de commanditaire du prévenu, à la tête d'un vaste réseau criminel.

26 Cf. notamment J.-C. Garetta, Les archives du Parlement de Dijon. Etude des sources. *MSHDB*, t. 23, 1962, p. 207-225.

formée » et qu'il nous a parlé de son personnage condamné à mort « *comme cinq cents autres qui l'avaient précédé*[27] ». Pour les affaires de contrefaçon jugées entre 1740 et 1762 par la Commission de Reims, si la moitié des prévenus n'a pas de profession affichée, en revanche on est étonné par le nombre élevé de soldats, de fonctionnaires et de gabelous qui tombent dans les filets de la justice. Pour ces derniers, la modicité des traitements, la rigueur de la discipline, le poids de la hiérarchie peuvent expliquer comment des agents du fisc basculent soudainement dans la délinquance (et pour certains, dans le crime). Près de 123 sont ainsi concernés par des poursuites pénales, sur un total de 1 773 prévenus enregistrés. À leur encontre, la justice fait preuve de fermeté et n'observe aucune espèce d'impunité.

Les catégories socio-professionnelles concernées : 1773 particuliers

n.d.	terriens	artisans	fonctionnaires	soldats	gabelous
817	468	185	14	166	123
46 %	27 %	10 %	1 %	9 %	7 %

n.d. : non déterminé Source : AN, Z^{1A} 1076-1077

Autre élément étonnant, celui de l'existence – déjà ! - d'une responsabilité des personnes morales : les communautés d'habitants sont, en effet, tenues d'agir faute de quoi elles sont responsables.

La responsabilité des communautés

Les communautés d'habitants sont reconnues comme civilement responsables d'une infraction, quand des prévenus de droit commun sont abrités chez elles et échappent aux poursuites de l'Administration, par suite du silence des habitants. Ainsi en ont décidé des arrêts du Conseil, auquel s'ajoute la déclaration d'août 1729 relative à la responsabilité

---

27 *Œuvres*, t. V, p. 271. Le juge Coleau est le célèbre président de la Commission de Valence ; son fils, lieutenant criminel au présidial de Melun, devient en 1740 président de celle de Reims.

des professionnels dans les faits de contrebande. Cela rejoint le principe de responsabilité des personnes morales, qui ne sauraient en cas de faute échapper à leurs obligations, relevé en pays de droit écrit comme en pays de coutume. Ainsi, une communauté qui offrirait refuge à des contrebandiers et serait passive à leur égard – qui s'abstiendrait donc de prévenir l'autorité publique - serait légitimement responsable de cette faute : elle serait alors condamnée à réparer cette faute sous la forme de dommages-intérêts.

Cependant, à maintes reprises, de hauts administrateurs, tel le contrôleur général des finances Orry (1689-1747)[28], s'insurgent contre le caractère tout théorique de cette sanction : selon eux, les contrefacteurs obtiennent refuge et discrétion de la part des communautés d'habitants où ils sont domiciliés. Ainsi donc, la sanction légale qui pèse sur elles reste bien théorique. La création d'une Commission aux pouvoirs élargis change-t-elle la donne ? Les archives judiciaires de la Commission de Reims nous livrent plusieurs exemples d'une telle responsabilité, qui n'est donc plus théorique : on a trouvé ainsi près de 8 occurrences de l'application de la déclaration, dont les sanctions s'étalent de cinq à mille livres[29].

Cette circonstance survient aux habitants de Beauzé-les-Verdunois[30] en janvier 1741, quand une troupe d'une vingtaine de contrebandiers est interceptée par des agents du fisc. Dans les échanges de tirs qui suivent, la troupe trouve asile dans le village : mais un agent est tué et deux autres très grièvement blessés. La justice reconnaît que cet asile donné aux trafiquants leur a permis d'échapper aux poursuites (en perdant une partie du matériel). En conséquence de quoi ce

---

[28] Contrôleur-général des finances de 1730 à sa mort.

[29] Rappelons que le salaire moyen d'un ouvrier spécialisé de l'époque s'élève à 250 livres annuelles.

[30] Aujourd'hui Beauzée-sur-Aire (d. Meuse), entre Saint-Mihiel et Sainte-Menehould, en Argonne.

village est solidairement condamné à verser au fisc cinq cents livres de dommages-intérêts.

Les archives nous dévoilent aussi une seconde affaire de responsabilité : celle des habitants de la communauté de Flexelles en Picardie[31], poursuivie pour pillage et non-assistance à personne en danger : les habitants du lieu y avaient pillé une charrette utilisée par des contrebandiers et s'étaient partagés un ballot de tabac, le 6 juillet 1746.

Ces exemples restent cependant isolés ; la justice aurait pu être plus sévère à l'égard de ces villages de Picardie ou d'Artois qui étaient de véritables « *pépinières de brigands* ». On retrouve, en effet, quantité de contrebandiers condamnés originaires des mêmes villages picards ou artésiens. Dans l'Ouest du royaume, il existait des bourgades qui regorgeaient également de faux-sauniers : la principale activité économique de ces bourgs reposait sur la contrebande. Ainsi, Louroux-Béconnais (au nord-ouest d'Angers) fournissait quantité de condamnés à la Commission de Saumur (près de 12 % de ses habitants ont été condamnés pour faits graves de contrefaçon devant cette juridiction entre 1764 et 1785)[32]. D'autres, dans le Haut-Maine, étaient dans la même situation ; c'est notamment là (à Saint-Berthevin, près de Laval) que naquit Jean Chouan, qui devait donner son nom à un célèbre mouvement populaire insurrectionnel sous la Révolution française[33].

Les autorités se méfient de ces ruraux qui sont solidaires des agissements des contrebandiers, souvent frères, cousins… Elles prenaient à leur encontre des mesures efficaces : vers 1710, le lieutenant du roi en Picardie, le marquis de Vauchelle,

---

[31] Située à dix km au nord d'Amiens, d. Somme.

[32] B. Briais, *Contrebandiers du sel. La vie des faux-sauniers au temps de la gabelle*. Paris, Aubier, 1984, p. 94.

[33] 1757-1794. Originaire de la Mayenne, ce contrebandier s'exerce – ainsi que ses frères. Lorsque la Révolution survient, il sera l'un des premiers à prendre les armes contre la République, protestant, notamment, contre la conscription.

propose de mettre au service du fisc des troupes royales et de transformer un pont sur l'Authie (rivière qui sépare l'Artois de la Picardie) en pont-levis, d'ériger des fossés avec des corps de garde autour de quelques points de passage… Il assure que « *de ces fortins 10 ou 12 hommes pourraient, hors d'attente d'être insultés, faire grand feu et arrêter sur le cul de 300 à 400 hommes*[34] ». D'ailleurs, le Grand roi n'hésita pas à y envoyer des hommes de son régiment, afin de concourir au démantèlement de bandes dangereuses qui, armées, intimidaient les fonctionnaires[35]. Cependant, la Ferme devait s'engager à fournir un supplément de solde à ces troupes réputées plus sûres et plus fidèles (10 sols par jour pour chaque soldat, soit une demi-livre, ce qui revenait à verser 60 % de solde supplémentaire). Un tel système ne pouvait, en raison de son coût, être permanent[36].

Ensuite, on s'est intéressé aux condamnations prononcées par la Commission de Reims.

Les condamnations prononcées

Elles reposent sur l'arsenal des peines dont la justice peut user, depuis la peine privative de la vie – la plus sévère - jusqu'à celle du blâme, la plus douce.

Les sanctions infligées aux condamnés (1740-1762)

Prévenus	Coupables	Mort	Galères	Ban	Fouet	Blâme
1 699	1 171	105[37]	610	165	47	5

Source : AN, Z^{1A} 1076-1077

[34] AN, G^7 1257 ; cité par E.-P. Beaulieu, *Les gabelles sous Louis XIV*. Paris, 1903, p. 158.

[35] AN, G^7 1236.

[36] Aux portes de Verdun, des dragons de la garnison affrontent des bandes de faux-sauniers ; 9 de ces derniers sont tués dans l'un de ces combats (décembre 1709).

[37] Dont 16 par le supplice de la roue, et 89 par la pendaison.

Ces éléments confirment l'existence d'une justice bien sévère. D'ailleurs, si l'on tient à la part des prévenus reconnus coupables, on en trouve 1 171 sur 1 699, soit 70 % de culpabilité. Sept prévenus sur dix sont donc *in fine* condamnés.

On possède également des données relatives aux saisies réalisées par les agents du fisc.

2° Saisies réalisées et attribuées au fisc

En premier lieu, les saisies réalisées portent sur trois marchandises distinctes : c'est d'abord le tabac qui vient en tête par le nombre d'affaires (55 %), même si des affaires judiciaires peuvent intéresser simultanément deux des trois produits (le plus souvent du tabac associé au faux sel). Arrivent ensuite le sel (34 %), puis les affaires d'étoffes (11 %).

Les produits de contrebande jugés à Reims
(1740-1761, nombre d'affaires)

Nombre	**955**	**594**	**189**
Produit	Tabac	Sel	Indiennes
%	55	34	11

Source : AN, Z^{1A} 1076-1077

Les marchandises confisquées

En faisant le recensement des quantités de marchandises saisies indiquées dans les registres judiciaires[38], on obtient une idée bien précise des produits prohibés confisqués par la Commission de Reims. Cependant, il faut observer que le greffier de la Commission n'a pas toujours dévoilé les quantités précises qui sont saisies ; tantôt il évoque « *des sacs de tabac* », tantôt « *des ballots* ». Mais on sait à quoi le ballot correspond en termes de poids : pour le tabac, cela fait 90 kg. Idem pour les pièces de mousselines ; on sait qu'une pièce

38 Dans la série Z^{1A} des Archives nationales, registres 1077-1080.

mesurait l'équivalent de 10 aunes et on a procédé aux conversions en conséquence. Pour bien faire, on a élaboré un tableau récapitulatif des saisies globales.

Ensuite, la seconde étape à laquelle on a procédé consiste à évaluer les saisies par leur valeur à la revente : pour un cheval, le prix moyen sur le marché est de 100 livres (427 équidés sont concernés) ; pour un fusil, 30 livres (37 sont mentionnés) ; pour une arme blanche, de l'ordre de 10 livres pièce (35 ont été saisies) ; pour le tabac, le prix à la livre-poids est de 2 livres à la revente, mais de 2 livres 18 sols à la vente légale. Quant au sel, il est vendu au prix de 51 livres le minot ; l'indienne se vend 4,4 livres l'aune. Les employés du fisc touchent 10 sols par aune de toile saisie, mais 20 sols s'il s'agit de mousselines[39].

La seconde ligne du tableau ci-dessous, après les quantités saisies, indique la valeur respective des marchandises. Le total s'élève à 815 000 livres pour la période 1740-1762. Soit de l'ordre de 40 000 livres par année, avec des variations fortes d'un semestre à l'autre. Certains, en effet, sont marqués par des prises importantes de marchandises prohibées, telles ces bandes quasi-industrielles démantelées entre 1747 et 1753. Cela se traduit par des prises impressionnantes : en 1753, 14 250 aunes sont saisies, soit 40 % du total des indiennes confisquées entre 1740 et 1762. Le tabac est, de loin, la marchandise à la valeur la plus élevée : il représente plus de la moitié en valeur des saisies réalisées.

Les marchandises saisies et attribuées au fisc (1740-1762)

	Tabac	Sel	Indiennes	Chevaux	Armes à feu	Armes blanches
Poids-mesures	151 243	2 196	45 738	427	37	35

---

[39] Les quantités indiquées sont, pour le tabac, en livres-poids ; pour le sel, en minot ; pour l'indienne, en aune.

Valeur livres	453 729	111 99 6	201 247	41 700	1 110	350
%	56	14	24	5	1	0

Source : AN, Z1A 1076-1077

À présent, on a tenté de calculer les gratifications accordées par le fisc à ses agents méritants, c'est-à-dire à tous ceux qui avaient contribué aux saisies et aux arrestations. On parvient à un total global de 180 000 livres distribuées, dont une grande partie concerne les saisies opérées sur les tabacs contrefaits.

Gratifications : évaluations (1740-1762)

Rubrique	£/quantité	Nombre	Gratification
Minot de sel	2	2 196	4 396
Tabac	0,33	151 243	49 910
Indiennes	0,5	45 738	28 000
Condamné aux galères	50	610	30 500
contrebandier armé	25	998	24 950
porte-col	10	362	2 172
femme isolée	10	128	384
femme attroupée	10	80	800
biens confisqués	200	196	39 200
			180 312

Pour autant, cette justice est-elle si efficace que cela ?

B) Une justice peu efficace ?

Telle est la question iconoclaste qu'on peut se poser : elle l'est au regard de son coût d'abord, ensuite, par la possibilité de solliciter la grâce royale, enfin par le nombre de condamnations prononcées par coutumace.

1° Une justice coûteuse au regard des résultats ?

C'est toute la question de l'efficacité de cette justice au regard de son coût (entre 1740 et 1762). On a donc procédé à des calculs : d'un côté, la Commission revient à 1,1 million de livres dépensées en 22 ans pour ses frais de personnel (magistrats, greffiers…). On doit y ajouter les frais de brigades, donc des agents stationnés dans les provinces d'Artois, de Picardie, de Champagne et de Lorraine (les Trois-Évêchés). On parvient à 1,3 million de livres. D'un autre côté, la justice prononce des saisies (815 000 livres) et des amendes (972 000 livres). On voit alors que les coûts du fonctionnement de la justice et du fisc sont plus élevés que son rapport. Ensuite, ce système marche-t-il ? Ces quantités peuvent-elles être rapportées aux quantités vendues sur le marché français à la même époque ? On sait que pour les indiennes, la prohibition était totale et on ignore quelle est était la taille de ce marché interdit - mais Véron de Forbonnais l'évalue à quinze millions de livres annuelles[40].

Pour le tabac, on connaît la taille moyenne annuelle du marché en livres-monnaie, de l'ordre de 15 millions, soit 32 millions de livres-poids. Sur 22 ans, cela représente donc un marché global de 700 millions de livres ; les saisies réalisées par la Commission de Reims, à peine 151 000 livres en valeur, sont donc infimes au regard de la taille globale du marché. Cependant, ces saisies sont réalisées sur une partie seulement des frontières, celles du nord et du nord-est. Est-ce à dire que la lutte contre la contrebande est efficace ? Qu'elle récupère une partie seulement des trafics cherchant à inonder le marché intérieur de produits contrefaits mais à prix réduit et à qualité équivalente ?

Pour les indiennes, sur 20 ans, le fisc parvient à saisir 202 000 livres sur un marché gris de 300 millions de livres ! Cela représente à peine un pour mille. Certes, il existe d'autres commissions (dont certaines attendent les chercheurs, telles celles de Paris et de Caen), mais on conçoit que les autorités royales ne parviennent à arrêter qu'une partie seulement des

---

[40] F. Véron de Forbonnais, *Examen des avantages et désavantages de la prohibition des toiles peintes*. Paris, 1755.

trafics existants. Cette débauche de moyens est donc inefficace au regard des trafics.

Outre son coût, cette justice est également marquée par deux difficultés : celles de la grâce et de la coutumace.

2° Le recours à la grâce royale et la coutumace

La coutumace se définit comme la condamnation du prévenu par défaut, quand il s'est absenté sans juste motif du tribunal qui le juge. On trouve 119 condamnations par coutumace prononcées à l'encontre de 1 699 prévenus, ce qui reste faible au regard des personnes poursuivies (soit 7 %). Ainsi donc, ces condamnations ne sont pas toutes suivies d'effet : l'individu condamné par la Commission l'est sous une forme imagée. Les autorités judiciaires exécutent la sanction sur un mannequin (c'est la sanction dite de « *l'effigie* ») ; l'individu qui représente l'absent porte une pancarte avec le nom du condamné, la sanction à laquelle il a été condamné.

Vient aussi la grâce, qu'un condamné peut solliciter auprès du chef de l'État (il existe trois catégories de grâces distinctes). On a en retrouvé 89 accordées sur les 1 171 condamnations prononcées par la Commission de Reims. Ces grâces font l'objet d'une enquête menée par la chancellerie et les juges de la Commission peuvent apporter leurs précisions. Toutefois, la grâce n'est pas un quitus accordé par le roi ; elle peut décider que le gracié s'engage à réaliser plusieurs choses : réparer pécuniairement le préjudice qu'il a causé (indemniser les ayants-droits de la victime, si elle est décédée), servir dans les forces armées durant un certain temps…

Ces deux mécanismes permettent à des centaines d'individus d'échapper aux sanctions qu'ils encouraient.

Conclusion

Ainsi considérée, la justice incarnée par la Commission de Reims qui réprime la contrefaçon a été sévère ; elle a sanctionné les personnes qui s'adonnaient à ces trafics et procédé à de nombreuses condamnations, contribuant ainsi à démanteler des réseaux structurés et dangereux. Pour autant, la justice frappe, certes, mais elle semble impuissante à stopper le flux énorme et ininterrompu des transferts de biens contrefaits, tant en France que depuis l'étranger. Elle n'en stoppe qu'une partie ; on peut donc s'interroger sur le sens de son action. Mais on entre alors dans un questionnement plus politique, qui est le sens de la fiscalité et de son montant. En élevant sans cesse la fiscalité sur des biens courants tels que tabacs, sels et étoffes, la monarchie a pris le risque d'encourager la contrefaçon : les gains escomptés par des individus au profil variable (petites mains, pauvres gens, ou redoutables criminels endurcis) étaient plus forts que la sévérité des sanctions[41]. Toujours est-il qu'un État respecté comme l'est la France au XVIIIe siècle ne saurait admettre qu'on viole sa souveraineté. Il ne pouvait, en effet, être question qu'on puisse frauder impunément le fisc : les recettes publiques, le civisme et « *l'égalité* » fiscale auraient pâti de cette entorse à la légalité. D'où la mise en place de cette justice implacable, qui entravait la fraude autant qu'elle le pouvait. Le lien entre fiscalité élevée et essor de la contrefaçon est déjà avéré.

En 1789, cette justice d'exception est condamnée : les révolutionnaires souhaitent remodeler le paysage judiciaire pour l'adapter aux nouvelles libertés. Leur action est rapide : elle tend à refonder les institutions, dont celle de la justice ; dès le 30 septembre 1789 intervient l'arrêt de mort de la Commission de Reims : une disposition émanant du Conseil du roi la supprime[42]. Désormais, les litiges relatifs à la

---

41 Ce phénomène se retrouve en 2017 avec l'élévation continue de la fiscalité sur le tabac depuis plusieurs années : cela a donné un coup de fouet à la contrefaçon et à la contrebande. On estime que celle-ci occupe près de 50% du marché dans les zones frontières.

42 Lettres patentes de Louis XVI du 30 septembre 1789, enregistrées le 27 octobre par la Cour des aides, AN, Z^{1A} 1236. Ces lettres sont la

contrefaçon relèveront des tribunaux de droit commun. Il est vrai que les députés, désireux d'améliorer le fonctionnement budgétaire de l'État, réforment profondément la fiscalité et créent un système plus rationnel reposant sur quatre contributions : foncières, mobilières…[43] L'impôt sur le sel, tant honni, disparaît après plus de quatre siècles d'existence. En outre, la Ferme générale disparaît ; elle est remplacée par une administration d'État. Les fermiers, précédés par leur impopularité – on leur reproche leur âpreté au gain[44], sont poursuivis lors de la Terreur ; une fois leurs comptes vérifiés, une vingtaine est incarcérée, jugée et guillotinée.

Cependant, l'apparition depuis quelque temps des juridictions interrégionales spécialisées (appelées JIRS) n'est pas, dans l'esprit du droit, sans rappeler ces commissions honnies de l'ancien droit.

---

conséquence de la loi du 23 septembre 1789 : J.-B. Duvergier, *Collection complète des lois, décrets, ordonnances, règlements, et avis du Conseil d'État*. Paris, Sirey, 1825, t. I, p. 48.

[43] G. Ardant, *Histoire de l'impôt*. Paris, 1975.

[44] Chaque année, un fermier général percevait un traitement fixe, auquel on ajoutait la rémunération des apports en capital qu'il avait faits. Il percevait 24 000 livres annuelles de droits de présence, 4 200 livres de frais de bureau. Quant à l'intéressement, il variait en fonction du bail. Dans celui de David (1774-1780), Lavoisier perçut 200 000 livres annuelles de participation.

La contrefaçon sous le Premier Empire : heurts et malheurs de la protection des frontières

Thierry CHOFFAT

Les études sur le Premier Empire ne manquent pas. En revanche, les travaux sur les douanes à cette époque restent peu nombreux. La question de la protection des frontières n'est souvent analysée que sous l'angle du blocus continental ou de la défense militaire du territoire. Il est vrai qu'à côté des campagnes guerrières et des batailles sur tout le continent européen, la simple sauvegarde des frontières contre des contrebandiers semble anodine, voire négligeable. A côté des grenadiers, des dragons, des hussards ou des voltigeurs, les douaniers font parfois pâle figure. Pourtant, ces quinze années ont donné aux douanes une partie de leurs traditions, leur insigne avec le cor de chasse et la grenade, ou encore la bande garance de leur uniforme.

Nous tenterons donc de présenter la douane sous l'Empire, son administration générale, ses effectifs et surtout ses missions de protection des frontières, sa lutte contre la contrebande et la contrefaçon, ou encore ses liens avec les cours prévôtales.

L'administration des douanes

Quand Bonaparte prend le pouvoir le 18 brumaire an VIII, l'état des douanes est déplorable. Appelé au ministère des Finances en juillet 1799, Robert Lindet (1746-1825) écrit à un correspondant :

« J'ignore bien quel bien peut faire un ministre des finances dont les bureaux sont composés d'une fourmilière de fripons et de fainéants. On parle toujours des écuries d'Augias On ne les nettoiera jamais ; chaque animal a son protecteur, et comment le remplacer ? ».

Et pourtant, c'est avec cette administration que Napoléon aura à faire assurer la protection des frontières contre une véritable armée de contrebandiers, de brigands et de contrefacteurs.

Sous le Consulat, la Régie, héritière de la Ferme générale de l'Ancien Régime, dépend du ministre des Finances mais également de celui de l'Intérieur. C'est à ce dernier que reviennent par exemple toutes les questions relatives au commerce des grains ou encore l'application de la législation douanière.

Mais dès le 16 septembre 1801, un arrêté des Consuls crée la direction générale des douanes, avec à sa tête Jean-Baptiste Collin (1750-1826), alors préfet de Seine-et-Marne. Le directeur est assisté par quatre administrateurs et une dizaine d'employés de bureau. Son administration chapeaute désormais toutes les douanes.

Le territoire est partagé en quatre zones avec à la tête de chacune un administrateur :

-Les Pyrénées et l'Atlantique, d'Ax à Brest : Jean-Louis Chaslon

-La Manche et la mer du Nord, de Saint-Malo à Dunkerque : Delapierre

-Le Nord et l'Est, d'Anvers à Besançon : Vivent Magnien (1745-1811) qui avait débuté sa carrière comme simple employé à la Ferme générale

-La Savoie, Alpes et Méditerranée, de Genève à Perpignan plus la Corse (et le Piémont à partir de 1804) : Joseph Dubois (1739-1811)

Cette réorganisation est d'une importance capitale, car désormais la douane est administrée par un homme seul, Jean-Baptiste Collin, et non plus par une collégialité.

Moins de deux semaines après sa nomination, le directeur général s'adresse aux directeurs de province et donne la ligne à suivre, tout en soulignant que la douane n'est pas exempte de reproches et que certains préposés peuvent être soupçonnés de corruption.

« Le gouvernement, en m'appelant à la place de directeur général des douanes, me donne une nouvelle marque de sa confiance et m'impose l'obligation de justifier son choix : je dois vous faire observer qu'il a les yeux fixés sur une branche d'administration dont les intérêts sont entièrement liés à ceux du commerce national, de notre industrie et de nos manufactures ; que son intention formelle est qu'elle ne soit composée que d'employés attachés à leurs devoirs, et que cette intention doit être suivie avec la plus grande exactitude. Je serai très empressé à faire récompenser les bons services ; mais je ne le serai pas moins à faire punir la négligence et l'infidélité. Les premiers renseignements qui m'ont été donnés sur la situation actuelle des douanes annoncent que si la masse des préposés est restée pure, la corruption a fait des progrès sur plusieurs points de la ligne ; que les marchandises prohibées y pénètrent et que nos grains passent à l'étranger. »[45]

L'administration a par conséquent besoin d'être sévèrement reprise en mains. Le directeur général va s'y employer et, globalement, réussir dans sa mission. Si bien que le 16 janvier 1812 un décret le nomme ministre des Manufactures et du Commerce. Le ministère qui vient d'être créé et dont Jean-Baptiste Collin, fait comte de l'Empire en 1808, sera le seul titulaire, dispose de multiples attributions, dont les manufactures, les fabriques, le commerce, les subsistances, la surveillance de l'administration des douanes, le conseil des prises, la proposition des tarifs, et le personnel des douanes.

La réforme est capitale puisqu'elle donne une certaine autonomie aux douanes qui s'émancipent des finances et du ministère de l'Intérieur. Nommé ministre, Collin de Sussy cède son poste de directeur général des douanes à François Ferrier, directeur des douanes à Rome. Aux Cent Jours, Napoléon ne voulant pas, ou ne pouvant pas, revenir à la

---

45 Circulaire du 7 vendémiaire an X (29 septembre 1801) de Jean-Baptiste Collin, cité par Jean Clinquart, *L'administration des douanes en France sous le Consulat et l'Empire (1800-1815)*, p. 29.

politique de protectionnisme, ne recréera pas le ministère des Manufactures et du Commerce. Collin sera alors nommé président de la Cour des Comptes.

Les douaniers, en uniforme sans être militaires !

Sous la conduite d'une direction unifiée, les douaniers vont eux aussi connaître une évolution sous l'Empire.

Tout d'abord, leurs effectifs vont largement progresser. Depuis 1791, leur nombre avait décru d'environ 8.000 alors que la ligne des frontières avait augmenté. Dès son arrivée à la tête de la direction générale, Collin se fixe pour objectif prioritaire *« l'augmentation des forces »* dont il estime l'apport indispensable. [46] Très vite, le taux de croissance des dépenses annuelles de personnel atteint 56 % en deux ans. En 1806, après l'absorption de Gênes, de Parme et de Plaisance, la douane dispose de 22.803 agents soit 30 directeurs, 73 inspecteurs et sous-inspecteurs, 2.238 préposés des bureaux et 20.462 préposés des brigades de tout grade. [47] En six ans, l'accroissement des effectifs a été de 11.000 agents, soit 90 %.

La progression se poursuivra encore par la suite puisqu'entre 1806 et 1809, les effectifs augmentent de 20 % pour atteindre le total de 27.143. Enfin, en 1812, on compte 35.000 douaniers. En dix ans, les effectifs auront triplé.

Par ailleurs, le douanier revêt pour la première fois un uniforme [48]. Un arrêté consulaire du 25 pluviôse an VIII (14 février 1800) prescrit aux préposés des douanes le port d'un uniforme consistant *« pour tous en un habit de drap vert, gilet rouge et culotte verte »* dont ils sont tenus de se pourvoir à leurs frais.

---

[46] Clinquart, *L'administration des douanes…, op. cit.* p. 59.

[47] Etat du nombre des préposés de tout grade Archives nationales AF IV, 1080.

[48] Le code de 1791 se contentait de prévoir que *« les préposés des brigades (porteraient) un écusson où seront les mots « La Nation, la Loi et le Roi », avec l'exergue portant ces mots : Police du Commerce extérieur ».*

Désormais, le douanier est en tenue, souvent armé et si possible caserné. On note donc une militarisation croissante de l'administration chargée de lutter contre la contrebande. Néanmoins, on soulignera que le port de l'uniforme reste parfois purement théorique, ne serait-ce que parce que son achat reste à la charge du préposé. Encore en 1804, une circulaire gouvernementale du 14 brumaire an XIII (5 novembre 1804), rappelle que lorsqu'ils sont en service, les douaniers doivent revêtir leur uniforme.

La militarisation se remarque également quand on étudie un peu le passé des nouveaux douaniers. Beaucoup sont recrutés parmi les anciens militaires de la Révolution, du Consulat et du début de l'Empire. Pour être recruté dans un bureau, il suffit d'avoir au moins 18 ans, une belle écriture et beaucoup de facilités pour le calcul.

L'administration s'évertue régulièrement à éliminer les préposés les plus « indésirables », ceux qui seraient susceptibles d'être corrompus. En cas de faute grave, l'employé peut être destitué. Pour des fautes plus mineures (ivresse, absence du poste, fréquentation des cabarets...), on observe des rétrogradations ou des privations d'appointements. Cette dernière mesure est souvent contestée, car le douanier ainsi privé de ressources a encore plus de risque de se faire corrompre.

Enfin, le préposé touche environ 500 francs par an et peut bénéficier d'une retraite après trente ans de service, voire plus tôt en cas d'infirmités contractées dans l'exercice de ses fonctions. A ce traitement peuvent s'ajouter les saisies qu'il pratique sur les marchandises de contrebande.

Les brigades de douanes s'alignent le long des frontières. Chaque brigade garde une « *penthière* » d'environ une lieue de front comportant un ou plusieurs points de passage principaux munis ou non d'un bureau. Par ailleurs, on retrouvera aussi des brigades dans chaque port important et des unités implantées dans des endroits susceptibles de favoriser la fraude (le long du Rhin ou dans les montagnes par exemple).

Les missions : protection des frontières, lutte contre la contrebande et la contrefaçon

Si les effectifs ont triplé en dix ans et si les douanes ont été quelque peu militarisées, c'est que les missions confiées à la Régie sont multiples. Il faut protéger les frontières, lutter contre la contrebande et la contrefaçon. Il faut veiller aux importations et aux exportations de produits sensibles. Surtout, il est nécessaire de faire appliquer le blocus continental décrété à Berlin en 1806.

L'une des difficultés des douanes est due aux changements successifs des frontières au gré des conquêtes. Au fur et à mesure des campagnes, la France s'étend sur une grande partie du continent européen. Il faut donc agglomérer de nouveaux territoires, en Italie, en Belgique, en Hollande. Même si nos voisins sont militairement des alliés, ils ne sont pas toujours neutres commercialement. Malgré l'occupation par la troupe, les produits contrefaits traversent allègrement les frontières et les lignes.

Le blocus continental

Depuis les débuts de la Révolution, les monarchies européennes ont déclaré la guerre à la France régicide. Bonaparte a vaincu les Autrichiens et les Piémontais en 1796-1797. Il battra de nouveau l'Autriche en 1800, avant de battre les Russes et les Autrichiens à Austerlitz en 1805, les Prussiens à Iéna et Auerstedt en 1806, puis de nouveau les Russes (et le reste de l'armée prussienne) à Eylau et Friedland en 1807. Globalement, il ne reste plus que les Britanniques qui disposent d'une réelle supériorité maritime mais qui sont incapables de prendre appui sur le continent. La guerre se poursuit donc commercialement.

Napoléon étant dans l'incapacité de débarquer en Grande-Bretagne, les Français vont utiliser l'arme économique et douanière pour contraindre les Anglais à conclure la paix. Le décret de Berlin, pris le 21 novembre 1806, établit le blocus continental [49]. La mesure entraîne immédiatement une poursuite effrénée de conquêtes. Pour rendre efficace ce blocus, il faut que la France et ses alliés contrôlent soigneusement toutes les côtes. Le décret de Berlin explique donc les campagnes du Portugal, d'Espagne mais aussi de Russie en 1812.

Dès les débuts de la Révolution, la France avait prohibé l'importation de certains produits britanniques et interdit l'exportation de denrées comme les grains, le beurre, le houblon, la viande, les châtaignes ou les farines. La circulation et l'entrepôt de céréales étaient surveillés par une police particulière. Le 1er mars 1793, la Convention avait annulé tous les traités de commerce passés avec les puissances ennemies et prohibé l'importation de tous *« objets ou marchandises manufacturés à l'étranger s'il n'est pas justifié qu'ils auront été fabriqués dans les Etats avec lesquels la France ne sera point en guerre »*. Le décret du 18 vendémiaire an II (9 octobre 1793) déclare proscrites du sol et territoire français toutes *« marchandises fabriquées et manufacturées en Angleterre, en Ecosse, en Irlande, et dans tous les pays soumis au gouvernement britannique. »*

L'Angleterre avait décrété l'embargo sur tous les navires français. A partir de 1806, le blocus continental se renforce et s'étend sur de nouveaux territoires contrôlés par la France. De nombreux produits manufacturés anglais sont désormais prohibés. Les denrées coloniales deviennent interdites. Certes, on compense par du sucre de betterave ou d'autres succédanés. Mais de manière évidente, la contrebande de café, de tabac, d'épices, de thé, de sucre ou de coton filés se multiplie. Pire, le décret du 18 octobre 1810 préconise de brûler publiquement les marchandises non alimentaires prohibées.

---

49 Les Iles britanniques sont déclarées en état de blocus. Cela répond à l'ordre émis par le gouvernement anglais en mai 1806 qui déclarait que *« la totalité des Côtes de l'Empire français (est) en état de Blocus. »*. Sous la Restauration, le blocus continental a été aboli par un ordre du comte d'Artois, frère du roi Louis XVIII le 17 avril 1814.

Il ne faut pourtant pas s'exagérer l'efficacité de ce blocus. D'autant plus que le gouvernement français accorde des licences à certains navires pour importer et exporter. Cela donne lieu à des abus, à des malversations et à des fraudes. La contrebande s'intensifie.

La lutte contre la contrebande

Dès lors, la douane, souvent mal aimée de la population locale, entreprend une véritable lutte contre la contrebande.

Les fraudeurs inventent de nombreux dispositifs. On cache les tissus dans des bûches creusées, dans des faux planchers de charrettes ou dans des tonneaux ou des cuves à double fond. On camoufle du café dans du pain dont la mie avait été enlevée ou dans des cylindres de fer blanc fixés sous une barque. Après la mort du maréchal Lannes à Essling en 1809, un faux convoi funéraire est organisé, rempli de marchandises de contrebande. Les douaniers ne découvrirent la supercherie qu'au passage du second convoi, le vrai ! En 1813, le char funèbre et le cercueil ramenant en France la dépouille du maréchal Bessières (tué à Lützen) est remplie de marchandises prohibées. On créé des vêtements spéciaux, comme des gilets ouatés remplis de tissus interdits. Les plus malins écrivent de fausses déclarations (farines présentées sous la dénomination d'amidon, tulles anglais faussement qualifiés de dentelles...). On fait passer plusieurs fois des cargaisons avec les mêmes papiers, ce qui limite les taxations. On falsifie des documents officiels, on triche sur les quantités ou sur la nature exacte des produits. Cela est d'autant plus facile que nombre de préposés ne sont guère savants et se laissent abuser par des chiffres ou des phrases qu'ils peinent à lire.

La contrebande rapporte gros aux chefs de bande, et notamment à quelques commerçants bien établis qui écoulent d'importants stocks de marchandises anglaises. Les archives citent par exemple à Metz les frères Lacombe, par ailleurs fournisseurs des armées impériales, qui ont des boutiques et des entrepôts, ou le sieur Gibou au 703 quai Saint-Pierre qui tient « *mercerie, quincaillerie et soierie en gros* ». Nancy est également une plaque tournante avec Yves Bompard et son neveu au 140 rue de la Fédération, ou encore Jacques Baille...

Les réseaux mettent même en place des assurances pour les couvrir en cas de prise par les douanes ou de détournement par les passeurs. L'idée n'est pas nouvelle. Déjà sous la Révolution, le procédé devait être courant puisqu'une circulaire du 16 messidor an V (4 juillet 1797) le signale : *« Le prix des assurances pour l'introduction des marchandises étrangères est le véritable thermomètre du plus ou moins d'activité que la fraude acquiert sur les différentes parties de la ligne... Dans les départements frontières de la Hollande, elles sont, ainsi que dans ceux du Bas-Rhin, de 16 à 18 pour cent et elles sont au-delà de 20 pour cent sur le Haut-Rhin ; mais nous sommes en même temps informés que, par les frontières de quelques directions, elles n'excèdent pas 8 et 10 pour cent. Les motifs de cette différence ne peuvent être que la suite de l'inexactitude du service, du peu de zèle et d'attention que les chefs de brigade apportent à bien diriger leurs opérations, et, peut-être, de l'infidélité de quelques préposés qui désignent aux fraudeurs les lieux où les embuscades sont placées, ou leur livrent le passage.* » [50] Des banquiers, des financiers, des maisons de commerce ayant pignon sur rue proposent ce service d'assurance aux réseaux de contrebande. En échange d'une prime, l'assureur couvre le risque d'une prise par les préposés. Le taux dépend de multiples critères : le chemin emprunté, la marchandise convoyée, la bande de contrebandiers, l'efficacité des douaniers locaux, le contexte politique et économique... Les archives de la Cour prévôtale de Nancy donnent quelques exemples d'assurance. Ainsi, à la fin de l'Empire, le marchand ambulant Merrain, originaire de Pontarlier, est pris par les douanes avec sur lui un billet de deux mille cinq cents francs,

---

[50] *Lois et Règlements des Douanes Françaises,* collection publiée en 1818 avec l'agrément de l'Administration, Tome 2, page 308.

payable chez un cabaretier de Pontarlier. [51] Le négociant helvétique Joseph Miller organise le passage de trente-deux ballots de mousseline et percale. Il obtient un nantissement et une assurance de mille et deux mille neuf cents francs. [52] Mieux, les préposés font une belle découverte et démontent toute la comptabilité de l'assureur Verguet[53]. Il assure des réseaux de contrebande, venant notamment de Suisse, pour des primes ayant des taux allant de vingt-quatre à trente pour cent. Verguet fait même travailler des « *sous assureurs* » nommés Lacroix et Romanet.

L'évolution du taux d'assurance donne une bonne tendance de la fraude, de ses réussites et de ses échecs. Jean Clinquart indique par exemple *« si l'action de la douane réussit à faire monter le taux de l'assurance, elle ne parvient que rarement à obtenir la mise en cause et la condamnation des organisateurs et des principaux bénéficiaires de la fraude. »* [54] Les archives des cours prévôtales et des tribunaux ordinaires des douanes montrent le plus souvent des poursuites concernant des passeurs, des petits porteurs de ballots, parfois de pauvres bougres, mais beaucoup plus rarement des enquêtes poussées sur les réseaux. Le manque d'instruction, de temps, de volonté, laisse donc subsister d'efficaces bandes de contrebandiers, bien organisées.

Les agents qui saisissent des marchandises de fraude reçoivent une partie du produit de leur vente. On leur octroie aussi une prime pour l'arrestation de contrebandiers armés. Cela incite parfois au zèle. En revanche, la population locale les accuse parfois de laisser filer les porteurs afin de ne pas tarir la contrebande, donc de ne pas obérer les saisies futures,

---

[51] Archives départementales de la Meurthe-et-Moselle 7U1 29, numéro 110.

[52] Archives départementales de la Meurthe-et-Moselle 7U1 30, numéro 111.

[53] Archives départementales de la Meurthe-et-Moselle 7U1 27, numéro 103.

[54] Clinquart, *Ibid,* p. 216.

synonymes de primes. Les «*gabelous*» sont mal aimés des habitants, les accusations de malhonnêteté, de mauvaise vie, de fainéantise... ne manquent pas. Il est vrai que les préposés sont souvent originaires d'autres villages voire d'autres départements. Pour les frontaliers, ils constituent une gêne pour le petit commerce illicite qu'ils pratiquent sans songer que la contrebande soit vraiment un délit ou un crime. Après tout, faire passer en fraude un peu de tabac, de sucre ou de sel reste une pratique courante, parfois ancestrale.

La tentation militaire...

Nous l'avons dit, les douaniers revêtent désormais un uniforme. Il n'empêche que régulièrement, la direction générale répète que les préposés n'appartiennent nullement à la Grande Armée. Ils n'ont pas à être placés sous l'autorité de chefs militaires et encore moins à être détournés de leurs missions traditionnelles au profit d'actions purement guerrières.

Il n'empêche que dans certaines zones, les douaniers participent aux actions militaires. C'est notamment le cas dans les Provinces Illyriennes, mais aussi en Italie et en Hollande. Ainsi, le chef de bureau à la direction générale Boucher de Perthes écrit en 1812 : *« on compte cinq à six mille douaniers embataillonnés et faisant partie de la Grande Armée. »* On les appelle parfois les 35.000 baïonnettes...

En 1813, une circulaire du ministre de la guerre rappelle que les douaniers forment *« une force armée toujours prête à se réunir aux troupes lorsque les circonstances l'exigent. »*

Lors de la retraite de l'automne 1813, les préposés des brigades d'Illyrie sont engagés contre l'ennemi. Ils participent, en compagnie de l'armée, à la défense des dernières positions en Dalmatie. Au moins deux de leurs officiers, l'inspecteur Scotte de Martinville et le capitaine Thaureau, sont tués à Raguse. En Hollande, 300 douaniers français effectuent un raid militaire pour s'emparer d'un navire chargé de poudre.

Au siège de Hambourg, un millier de douaniers servent dans l'armée française. Le directeur des douanes impériales Pyonnier est placé à la tête du 2e régiment des douanes impériales, comprenant un escadron de cavalerie, une compagnie d'artillerie, un élément naval et des unités d'infanterie. Le capitaine des douanes Lavandeze constitue même une compagnie de tireurs d'élite. La compagnie des guides de ce régiment des douanes forme la garde personnelle du maréchal Davout. Pour les récompenser de leur bravoure, Davout leur accorde le droit de porter le passepoil rouge des unités d'élite, en référence à la couleur de la Légion d'Honneur. Le capitaine Cutsaert sera le premier à arborer ce passepoil rouge sur son pantalon vert. Il sera ainsi à l'origine de la bande garance, désormais le pantalon d'uniforme des douaniers.

On retrouve encore des préposés servant aux sièges d'Anvers, de Mayence, de Landau, de Strasbourg, d'Huningue, de Metz, de Thionville, de Belfort ou de Besançon. [55]

Néanmoins, la circulaire du directeur général des douanes en date du 27 novembre 1813 rappelle que malgré les combats, les préposés ne doivent pas se détourner de leurs missions contre la contrefaçon : *« Le courage que les employés des douanes ont déployé en combattant l'ennemi sur plusieurs points de nos lignes, a fait penser à quelques généraux, qu'il n'y aurait que de l'avantage à les employer militairement. Le gouvernement, qui veut surtout qu'on réprime la contrebande a, dans le double intérêt des manufactures et du trésor, positivement défendu que les préposés fussent détournés de leurs fonctions.*

---

[55] Au siège de Belfort (début 1814), l'inspecteur Didier commandait un bataillon des douanes. Il fut blessé lors des combats, de même que trois lieutenants et d'autres préposés. Des douaniers y succombèrent. A Longwy, les douaniers eurent aussi des pertes, dont un capitaine et deux lieutenants. Trois douaniers moururent dans des combats autour de Givet.

Si donc il arrivait encore que des généraux les missent en réquisition pour un service qu'ils ne pourraient concilier avec le leur, votre devoir serait de ne point obéir. »

Malgré tout, Napoléon prescrit en janvier 1814 que les douaniers peuvent être utilement employés pour participer à des corps francs et pour mener des actions de guérilla contre l'envahisseur. Il demande même que l'on constitue des bataillons de douaniers que l'on pourrait agglomérer à la Vieille Garde.

Les tribunaux spéciaux, les Cours prévôtales

Le décret de Fontainebleau du 18 octobre 1810 créé des juridictions exclusivement compétentes en matière de contrebande.

Les délits mineurs [56], commis par des individus isolés, non armés, sont désormais soumis à un des trente-quatre tribunaux ordinaires des douanes répartis sur tout le territoire impérial. Ces tribunaux peuvent confisquer les marchandises, les véhicules et les chevaux ayant servi à la contrebande, plus une amende triple à la valeur des objets saisis, le paiement des droits de douane, ainsi qu'un emprisonnement pouvant aller de cinq jours à trois mois. Enfin, le tribunal peut placer le contrebandier sous la surveillance de la haute police pour dix ans. Les appels des décisions d'un tribunal ordinaire se font auprès des Cours prévôtales.

Quant aux crimes de contrebande à main armée et aux entreprises de contrebande, ils sont désormais soumis à l'une des huit cours prévôtales des douanes installées un peu en retrait des frontières [57] : Valenciennes, Rennes, Agen, Aix, Alexandrie, Nancy, Florence et Hambourg.

---

56 Le décret du 18 octobre 1810 *évoque « toutes les affaires relatives à la fraude des droits de douanes ».*

57 Roger Corbaux explique que l'on *« avait certainement voulu leur donner également du recul par rapport aux lieux de constatation des infractions, peut-être pour que la justice qu'elles étaient amenées à rendre fût plus sereine, mais sans doute*

Les cours jugent sans appel ni pourvoi les chefs de bandes, ainsi que les conducteurs, les directeurs de réunions de fraudeurs, les entrepreneurs, les assureurs et tous leurs complices. Ceux qui ont participé à un rassemblement de contrebandiers avec port d'armes sont passibles de la peine de mort. Sinon, la peine peut être de dix années de prison et la marque VD (pour Voleur des Douanes) infligée au fer rouge. [58]

Comme l'indique M. Vergès, conseiller à la Cour de Cassation, Commissaire de Sa Majesté pour l'installation des Cours Prévôtales, lors de la mise en place de la Cour de Nancy, *« le crime de contrebande à main armée entraîne la sédition, le brigandage et l'assassinat. Ce crime, qui comprend plusieurs crimes, est par conséquent un des plus graves contre l'ordre social. »* [59] L'arrêt de la Cour prévôtale sur le fond, prononcé après débats publics, n'est plus susceptible d'appel ni de cassation ; il est exécutoire dans les vingt-quatre heures.

Au cours de sa courte existence, entre 1811 et 1814, la Cour prévôtale de Nancy [60] a instruit 228 dossiers criminels. 70

---

aussi pour éloigner les magistrats du royaume des tentations. » Crimes de contrebande. Douaniers et contrebandiers au temps du blocus continental, éditions Gerbert, 1979, p. 23.

58 La loi du 13 floréal an XI stipulait *« La contrebande avec attroupement et port d'armes est punie de mort ; les complices subissent la même peine. La contrebande est avec attroupement et port d'armes lorsqu'elle est faite par trois personnes ou plus et que, dans le nombre, une ou plusieurs sont porteurs d'armes, en évidence ou cachées, telles que fusils, pistolets et autres armes à feu, sabres, épées, poignards, massues et généralement de tous instruments tranchants, perçants ou contondants.»*

59 Corbaux *Ibid*, p. 11.

60 La Cour Prévôtale de Nancy a été installée le 8 mars 1811. Elle est installée en l'Hôtel de la Monnaie. Le Grand Prévôt, Mengin (par ailleurs président de la Cour de Justice Criminelle de la Meurthe), est assisté d'un procureur, M. André (également procureur de la Cour de Justice Criminelle de la Meurthe), d'un greffier, Goeury (suppléant de la Cour de Justice Criminelle de la Meurthe), et de huit assesseurs : Plassiard et Papigny (tous les deux juges à la Cour de Justice Criminelle de la Meurthe et des Vosges), le secrétaire général de la Préfecture de la Meurthe Malriat, Cuny, magistrat de sûreté à Lunéville, Duparge de

arrêts ont été rendus en 1811, 66 en 1812, 92 en 1813. Elle a prononcé deux peines de mort - dont une par contumace -, une peine de travaux forcés à perpétuité (contre un receveur des douanes faussaire), une peine de 20 ans de travaux forcés et trois peines de 15 ans de travaux forcés sans oublier quarante-neuf peines de 10 ans (dont vingt-neuf par contumace).

Conclusion

Durant toute la Révolution et l'Empire, la chasse à la contrebande et la protection des frontières contre la contrefaçon ont été des axes essentiels de la politique protectionniste de la France. L'administration générale des douanes a été totalement réformée, unifiée sous le contrôle d'un directeur unique, Jean-Baptiste Colin de Sussy tout d'abord, puis François Ferrier à partir de 1812. Les effectifs ont été largement complétés, même si la lutte contre la corruption des préposés n'a été que partielle. La douane moderne a commencé à émerger. Les missions ont été redéfinies, souvent en prenant exemple sur le modèle d'avant 1789. En bien des points, la régie du Consulat et de l'Empire ressemble à la Ferme de l'Ancien régime, les frontières intérieures en moins.

Est-ce que cela a été efficace ? De toute évidence, le blocus continental n'a pas détruit l'économie britannique ni même engendré des révoltes ouvrières ou paysannes en Angleterre.

Même la lutte contre la contrebande doit être relativisée. Il suffit de se rappeler de ce que disait le préfet du Bas-Rhin en 1808 : *« Je ne me suis pas aperçu que les nombreuses et fréquentes saisies des douaniers diminuassent le nombre des fraudeurs. »* [61]

Bettoncourt, conseiller à la Chambre des Comptes, Malfioly, juge de paix à Nancy, de la Fleutrie, ancien substitut à la Cour de Justice Criminelle de la Meurthe et enfin Gérard.

[61] Cité dans Roger Corbaux, *Ibid,* page 145.

Bibliographie :

Archives départementales de la Meurthe-et-Moselle, série 7U1 (Cour Prévôtale de Nancy de 1811 à 1814).

Janine Bertrand, *La cour prévôtale des douanes de 1811 à 1814,* mémoire de DES en Histoire contemporaine, Université de Nancy 2, 1951, 139 p.

Jean Bordas, La contrebande sous Napoléon, *Revue de l'Institut Napoléon* n° 161, 1993.

Jean Clinquart, *L'administration des douanes en France sous la Révolution,* Association pour l'Histoire de l'Administration des Douanes, 1978, 310 p.

Jean Clinquart, *L'administration des douanes en France sous le Consulat et l'Empire (1800-1815)*, Association pour l'Histoire de l'Administration des Douanes, 1979, 429 p.

Roger Corbaux, *Crimes de contrebande. Douaniers et contrebandiers au temps du blocus continental,* éditions Gerbert, 1979, 307 p.

Roger Dufraisse, Régime douanier, blocus, système continental, in *La Revue d'histoire économique et sociale,* 1966, p. 518-543.

Roger Dufraisse, Politique douanière française, blocus et système continental en Allemagne, *Revue du Souvenir napoléonien* numéro 389, juin-juillet 1993, pp.5-24.

Félix Gambini, Les douanes françaises sous le Consulat et l'Empire (1800-1815), in *Revue de l'Institut Napoléon,* numéro 160, 1993,

La contrebande au début de la Restauration, l'exemple de la Cour Prévôtale du Doubs

Guillaume MICKELER

Le début de la Restauration constitue un moment essentiel dans l'histoire de la Douane et de la répression de la contrebande. A la chute de Napoléon, le nouveau régime doit faire face à toute une série de défis particulièrement complexes : il faut rétablir les lignes de douane qui ont été anéanties au moment de l'invasion, à deux reprises, des armées étrangères ; il faut réorganiser l'administration surdimensionnée des douanes de l'Empire pour qu'elle s'adapte aux nouvelles frontières du royaume, rétrécies après la signature du second traité de Paris de novembre 1815 ; il faut établir une nouvelle politique douanière, qui tranche avec la mise en place tant critiquée du Blocus continental du régime précédent, mais qui préserve aussi les intérêts industriels et financiers du royaume : les revenus douaniers représentant une source de revenus non négligeable pour un État qui doit verser chaque jour des indemnités considérables aux puissances occupantes ; il faut, enfin, tenter de mettre fin au déferlement des marchandises étrangères, et notamment anglaises, que plus rien ne semble en mesure d'enrayer[62].

Pour étudier quelle a été la réponse immédiate du gouvernement de la Restauration à toutes ces problématiques, nous allons envisager l'exemple de la Cour prévôtale du Doubs, juridiction extraordinaire instituée en 1815. La

[62] Sur toutes ces questions, voir J. Clinquart, *L'administration des douanes en France sous la Restauration et la monarchie de Juillet (1815-1848)*, Neuilly-sur-Seine, Association pour l'histoire de l'administration des douanes, 1981, p. 17 à 50 et F. Démier, « Les cotonniers français et la contrebande sous la Restauration », *in Fraude, contrefaçon et contrebande de l'Antiquité à nos jours*, sous la direction de G. Béaur, H. Bonin, C. Lemercier, Genève, Librairie Droz, 2006, p. 105 à 124.

Franche-Comté présente d'abord l'intérêt d'être une région ayant pratiqué une contrebande intense avec la Suisse depuis son intégration dans le royaume de France sous Louis XIV[63]. Elle fait partie des grands itinéraires de la fraude sous l'Ancien Régime : ainsi, le célèbre Mandrin a traversé à quatre reprises la province dans les six campagnes dévastatrices qu'il a menées avec sa troupe[64]. Il faut aussi considérer que cette partie de la frontière est intéressante à étudier au début de la Restauration, car en dehors de quelques rectifications de détail, les lignes de douane n'ont pas varié entre la France et la Confédération Helvétique depuis l'Ancien Régime, alors qu'elles ont souvent connu des modifications importantes ailleurs, suite aux conquêtes de la Révolution et de l'Empire. Ensuite, les fonds de cette Cour sont presque complets : ils comprennent les arrêts et les dossiers de procédure correspondants[65] et ils contiennent aussi une correspondance

---

[63] Sur l'ampleur de la contrebande en Franche-Comté sous l'Ancien Régime, voir la thèse d'A. Ferrer, *Tabac, sel, indiennes… Douane et contrebande en Franche-Comté au XVII*e *siècle*, Vesoul, Presses universitaires comtoises (Cahier d'études comtoises n° 64), 2002, p. 5 à 8 et p. 130 à 208. Cette contrebande avec la Suisse restera forte par la suite. Au début du XIXe siècle, l'activité économique de la principauté de Neuchâtel et du canton de Vaud, limitrophes du département du Doubs, dépend largement de la contrebande avec la France, ces deux régions jouent souvent le rôle d'entrepôt de marchandises anglaises (voir J. Courvoisier, *La contrebande à la frontière neuchâteloise (1806-1813)*, Musée Neuchâtelois, année 1951, Neuchâtel, Imprimerie centrale, 1951). Au milieu du XIXe siècle, Villermé effectue son enquête très fouillée sur la contrebande à partir de données tirées de la frontière franco-suisse (M. Villermé fils, *Les douanes et la contrebande*, Paris, Guillaumin et Cie, 1851).

[64] A. Ferrer, *op. cit.*, p. 220 à 241 et F. Funck-Brentano, *Mandrin*, Paris, Hachette, 1908.

[65] Le répertoire de toutes les affaires jugées par les cours prévôtales du royaume, qui se trouve aux Archives Nationales, ne mentionne qu'un dossier lié à la contrebande qu'on ne retrouve pas aux Archives départementales de Besançon (en 7 U1) : une affaire de forfaiture impliquant un vérificateur des douanes et un receveur principal des

très instructive du Parquet sur les affaires de contrebande[66]. Enfin, de nombreux documents concernant la direction des douanes, située elle aussi à Besançon depuis l'Ancien Régime, ont pu être consultés aux Archives départementales du Doubs.

Il convient d'abord d'expliquer les raisons de la mise en place par l'ordonnance du 20 décembre 1815 dans chaque département d'une juridiction extraordinaire, la cour prévôtale[67], qui est chargée, entre autres infractions, de lutter de façon rigoureuse contre la contrebande. Cette juridiction résulte d'une histoire assez complexe : elle ne doit pas être confondue avec la cour prévôtale des douanes, instituée en 1810 par Napoléon et chargée exclusivement de réprimer les crimes de contrebande à main armée ou en bande et supprimée dès avril 1814 par le gouvernement de la première Restauration, en même temps que toutes les autres juridictions douanières d'exception, au nom de principes libéraux[68]. La multiplication

douanes, affaire qui s'est soldée par une déclaration d'incompétence de la Cour prévôtale du Doubs (R. Marlin, *La crise de subsistance de 1816-1817 dans le Doubs, avec une étude annexe sur la Cour prévôtale du Doubs*, Besançon, Imprimerie Jacques et Demontrond, 1960, p. 55 à 60).

66 Correspondance du Parquet, Archives départementales du Doubs (Arch. dép. du Doubs), 7U1/2. Elle contient en l'occurrence tous les courriers adressés par le procureur du roi, Félix Bourqueney, concernant des affaires prévôtales.

67 Sur l'histoire générale des cours prévôtales, qui étaient censées intervenir principalement dans le domaine politique pour protéger le régime après l'épisode des Cent-Jours, J.-P. Royer, N. Derasse, J.-P. Allinne, B. Durand et J.-P. Jean, *Histoire de la justice en France du XVIIIe siècle à nos jours,* Paris, PUF, 2016, 5ème édition, p. 568 à 574.

68 Sur la cour prévôtale des douanes de Napoléon, J. Clinquart, *L'administration des douanes en France sous le Consulat et l'Empire (1800-1815)*, Neuilly-sur-Seine, Association pour l'histoire de l'administration des douanes, 1979, p. 144 à 146, R. Corbaux, *Crimes de contrebande : Ma penthière Lorraine*, Aurillac, éditions Gerbert, 1979 et J. Bertrand, *La Cour prévôtale des douanes de Nancy de 1811 à 1814*, Mémoire de DES, Nancy, 1951.

des désordres après l'épisode des Cent-Jours amène le gouvernement de la seconde Restauration à revenir sur ses engagements passés[69] et à rétablir des juridictions extraordinaires ayant la même compétence que les cours de justice spéciales mises en place sous le Consulat pour réprimer les faits de rébellion, de sédition militaire et de violences armées. Seule la contrebande commise dans ces circonstances extrêmes peut donc d'abord être jugée par la cour prévôtale créée par Louis XVIII. La loi du 28 avril 1816, qui définit la nouvelle politique douanière de la monarchie, étend considérablement la compétence de cette juridiction en matière de fraude : désormais, elle doit aussi juger tous les faits de contrebande en réunion, même non armés, commis soit par au moins trois cavaliers, soit par au moins six hommes à pied[70]. Dérogeant à la procédure de droit commun, la cour prévôtale jugeait en dernier ressort, sans possibilité de pourvoi en cassation, ses arrêts étant exécutoires dans les vingt-quatre heures. Pour éviter les abus, il est seulement prévu que la chambre des mises en accusation de la cour royale intervienne pour vérifier la compétence de cette juridiction.

L'objectif de cette législation douanière est à l'évidence de protéger à nouveau les intérêts de l'industrie manufacturière[71] et de réprimer sévèrement une fraude devenue incontrôlable, en s'inspirant de la justice expéditive et impitoyable du prévôt des maréchaux d'Ancien Régime[72]. Cette rigueur affichée se

---

[69] La création des cours prévôtales était cependant prévue à titre temporaire, jusqu'à l'affermissement du régime. De fait, cette juridiction fut supprimée dès 1818.

[70] Sur cette législation, voir B. Gallinato, « La loi du 21 avril 1818 et la répression de la contrebande maritime » *in Territoires de l'illicite et identités portuaires et insulaires du XVIe au XXe siècle*, sous la direction de M. Figeac-Monthus et C. Lastécouères, Paris, Armand Colin, 2012, p. 257 à 258.

[71] Voir F. Démier, *op. cit.*, p. 107 à 114.

[72] Il faut toutefois préciser que les tribunaux des prévôts des maréchaux (ou cours prévôtales) n'avaient pas de compétences

retrouve nettement dans les discours prononcés lors de la mise en place de la Cour prévôtale du Doubs le 11 mai 1816. Par exemple, le comte de Valori, prévôt de cette juridiction et y faisant office de juge d'instruction[73], affirma solennellement :

> « Le Roi, dans Sa Sagesse, a trouvé nécessaire de proposer et d'adapter une Loi qui joignit aux attributions des Cours prévôtales les délits de contrebande. Ce point essentiel à la prospérité de l'Etat exige une vigilance d'autant plus grande que la contrebande en ce moment surtout tarit ses ressources, quand il en a le plus besoin pour faire face à ses engagements onéreux ; ce délit devient donc un crime par les maux qu'il cause à la France. Je déclare que je serai sans cesse occupé à seconder les vues de Sa Majesté, en faisant saisir ceux qui, à mains armées, le protègent, et en les livrant à toutes les rigueurs des lois »[74].

L'étude menée à partir des archives judiciaires de la Cour prévôtale du Doubs tend à montrer que cette juridiction d'exception, qui a fonctionné jusqu'en mai 1818, a été loin de répondre à ces objectifs affichés de répression impitoyable et efficace de la fraude. Non seulement cette Cour n'a traité qu'une infime partie de la contrebande commise dans le

---

particulières pour juger les faits de contrebande sous l'Ancien Régime, cf. A. Laingui et A. Lebigre, *Histoire du droit pénal*, Paris, Cujas, 1979, tome 2, p. 76 et 77 et J.-M. Carbasse, *Introduction historique au droit pénal*, Paris, PUF, 1990, p. 116 à 118.

73 Les prévôts étaient des militaires ou d'anciens militaires qui, au sein de la nouvelle juridiction, exerçaient la fonction de juge d'instruction. Cette situation engendra de nombreux conflits, les magistrats professionnels n'appréciant guère l'intrusion d'un militaire dans une juridiction civile, les prévôts se plaignant de leur côté de n'avoir qu'un rôle secondaire au sein de la cour et tentant vainement d'étendre leurs compétences (A. Paillet, *Les Cours prévôtales (1816-1818)*, Revue des deux mondes, 1911, tome IV, p. 135 à 139).

74 Registre des actes importants de la Cour prévôtale, arch. dép. du Doubs, 7 U1/1.

département du Doubs au cours de cette courte période, mais, par rapport à ce contentieux, qui était en théorie le plus grave, elle s'est montrée d'une étonnante indulgence.

I. Le rôle mineur de la Cour prévôtale du Doubs dans la répression de la contrebande

Si les désordres consécutifs à la chute de Napoléon favorisent une contrebande intense dans le département du Doubs, la Cour prévôtale n'intervient qu'en de rares occasions pour juger ce contentieux.

A. Une forte contrebande au début de la Restauration dans le département du Doubs

Les sources convergent pour montrer que la contrebande était d'une ampleur inégalée en France au début de la Restauration. Jean Clinquart, un des grands spécialistes de l'histoire de la Douane, résume la situation ainsi : « *active sous l'Empire, la fraude était devenue insolente sous la Restauration* »[75]. La désorganisation du pays après les deux invasions n'a pu qu'inciter les entrepreneurs de la contrebande à vider leurs entrepôts pour suivre les armées étrangères, quand ces dernières n'assurent pas directement le transfert des marchandises en toute impunité par l'intermédiaire de soldats corrompus. Dans les fonds préfectoraux sur les affaires douanières du département du Doubs au XIXe siècle, un dossier spécial isole la seule période 1816-1817[76] et met en évidence la correspondance intense entre autorités parisiennes et préfectures de Franche-Comté sur le développement de la

---

[75] *Op. cit.*, p. 265. Il précise aussi dans un autre ouvrage : « *Au début de la Seconde Restauration, on peut dire que la contrebande a sévi sur toutes les frontières terrestres avec une rare intensité* » (*L'administration des douanes en France sous la Restauration et la monarchie de Juillet (1815-1848)*, Neuilly-sur-Seine, Association pour l'histoire de l'administration des douanes, 1981, p. 355 et plus largement p. 349 à 368.

[76] Arch. dép. du Doubs, P382.

contrebande. Une lettre du 30 mai 1816 du préfet du Jura au Ministre de l'intérieur montre que les agents des douanes ne sont toujours pas en mesure de s'opposer efficacement aux fraudeurs :

> « La contrebande, qui pendant quelques jours semblait s'être ralentie, reprend toute son activité. Les assureurs suisses consacrent des capitaux considérables aux entreprises ; les entrepôts sont nombreux, les lignes difficiles à garder, la moralité de plusieurs employés des douanes plus que suspecte, les bandes de fraudeurs nombreuses et armées ; en un mot, l'emploi de mesures répressives me paraît urgent. J'ai offert au Directeur des douanes l'appui de quelques gardes nationales, que le sous-Préfet de Pontarlier mobiliserait sur sa demande, mais cette réponse, qui est d'ailleurs insuffisante et présente plusieurs inconvénients, n'a pas été employée »[77].

En dehors de la contrebande « *classique* » (de tabac, de tissus prohibés, de sel, de sucre ou de montres[78]), les autorités craignent particulièrement les importations prohibées de poudre, dont certaines sont avérées, dans le contexte politique troublé du début de la seconde Restauration[79].

---

77 *Ibidem.*

78 Ces marchandises étaient déjà celles qui faisaient l'objet de contrebande avec la Suisse sous l'Ancien Régime, ce qui montre une grande stabilité de la fraude en dépit des multiples changements de la législation douanière depuis cette époque (cf. A. Ferrer, *op. cit.*, p. 130 à 200).

79 Une lettre du 18 avril 1816 de la police administrative de Paris au préfet du Doubs traduit l'attention des autorités à cette question : « Les bruits d'importation de poudre à tirer ne sont pas toujours dénués de fondement et imaginés pour masquer des introductions frauduleuses de tissus comme vous semblez le penser. Je suis informé que d'après l'intervention de l'ambassadeur de Sa Majesté en Suisse, la gendarmerie de ce pays vient de saisir à Brassus un approvisionnement de deux cents litres de cette matière qui était destinée à être introduit en France et que l'on a découvert un autre dépôt dont la quantité n'a pas été indiquée » (arch. dép. du Doubs, P382).

Même s'il n'est évidemment pas possible d'évaluer le volume de cette contrebande, quelques indices retrouvés dans les affaires jugées par la Cour prévôtale du Doubs montrent bien l'ampleur du phénomène. Les bandes de contrebandiers poursuivies sont nombreuses, bien organisées, souvent armées et elles n'hésitent pas à recourir à la violence. En moyenne, d'après les estimations des préposés des douanes dans leurs procès-verbaux, ces bandes sont composées d'une vingtaine de personnes, et même dans un cas exceptionnel, en mars 1816, à un moment où les fraudeurs ne craignent manifestement guère d'être débusqués par les douaniers, d'une centaine d'individus[80]. En dehors d'un seul cas, la contrebande se réalise à pied et non à cheval, ce qui est traditionnellement le cas en Franche-Comté, où le relief, souvent modéré, permet le franchissement discret des lignes en de nombreux points par des groupes de porteurs. Signe d'une adaptation des contrebandiers à la législation douanière et peut-être d'une meilleure efficacité des douanes, les groupes sont moins nombreux à partir de 1817 et se scindent parfois en groupes de cinq personnes en arrivant à la frontière française, pour éviter la circonstance aggravante de réunion prévue à partir de six[81]. Les groupes sont souvent bien structurés, comme le montre une affaire de 1817, où sur les trente contrebandiers surpris par trois malheureux douaniers, les deux tiers transportent des ballots contenant la

80 Affaire Cart-Baillet, arrêt du 6 juin 1816, arch. dép. du Doubs, 7U1/6.

81 Affaire Moubaron et Froidevaux, arrêt du 13 février 1818, arch. dép. du Doubs, 7U1/8. D'après leur déclaration, les prévenus partis au nombre de dix d'un village suisse se sont divisés en deux groupes en arrivant à la frontière. Ce point n'étant pas contesté par les juges de la Cour prévôtale déboucha sur un arrêt d'incompétence de la Cour et sur un renvoi devant le juge ordinaire.

marchandise prohibée, le dernier tiers étant armé de bâtons[82]. Ces derniers contrebandiers non chargés jouent un rôle important : ils peuvent relayer les porteurs au cours de l'expédition, ils assurent le rôle d'éclaireur de la troupe pour essayer de repérer d'éventuels douaniers embusqués et en dernier recours, comme dans cette affaire, ils peuvent utiliser leur « arme » contre les préposés, soit pour récupérer des ballots qui auraient été saisis, soit, et le cas est fréquent à l'époque, pour libérer à la suite d'un combat plus ou moins violent des membres de leur bande provisoirement arrêtés[83].

Les marchandises récupérées, parfois en quantité tout à fait importante, par les douaniers montrent aussi l'ampleur de la fraude. Ce sont très principalement des tissus, d'origine anglaise ou même suisse, puisque les Suisses ont profité de la prohibition française pour développer une industrie textile de l'autre côté de la frontière[84]. Cette fraude, extrêmement lucrative à l'époque, est la plus commune lorsque des bandes nombreuses de contrebandiers sont impliquées. Dans une affaire jugée en 1816, les douaniers ne saisissent aucun contrebandier, mais récupèrent onze ballots représentant, d'après leur inventaire minutieux, environ 4000 mètres de tissus

---

82 Affaire Maire, Longchamp-Blaise et Longchamp-Blaise, arrêt du 22 février 1817, arch. dép. du Doubs, 7U1/7.

83 « Le 7 novembre 1816, à peu de distance du Sarrageois, un rassemblement d'environ trente contrebandiers, dont vingt environ étaient porteurs de ballots, se dirigeaient à l'intérieur, lorsque trois préposés sont parvenus à arrêter deux des porteurs ; mais qu'aussitôt ces préposés furent assaillis par les contrebandiers non chargés, et frappés à coups de pierre et de bâtons ; que l'un d'eux reçut même des blessures assez graves ; et qu'enfin, les rebelles parvinrent à leur arracher les deux contrebandiers arrêtés », *idem*, arrêt du 22 février 1817. L'affaire, très classique, illustre bien l'impuissance des forces des douanes qui se trouvent très souvent en minorité face aux fraudeurs et ne sont guère en mesure de répliquer si ces derniers recourent à la violence.

84 M. Villermé fils, *op. cit.*, p. 115 à 116 et p. 135.

divers[85]. Les numéros des ballots saisis dans les différentes affaires donnent aussi une idée de l'ampleur industrielle de la fraude, puisque les entrepreneurs, très organisés, attribuent un numéro à chaque ballot en indiquant précisément leur contenu. Dans une affaire de 1817, trois ballots portent des numéros compris entre le numéro 33 et le numéro 92[86], dans une autre affaire de 1818, les cinq ballots saisis, pesant chacun 15 kg, s'échelonnent entre le numéro 134 et le numéro 226[87] : l'administration des douanes semble bien incapable de limiter efficacement la fraude transfrontalière de l'époque, ce que confirme l'étude des dossiers de la Cour prévôtale.

B) Une activité excessivement réduite de la Cour prévôtale en matière de contrebande

Les données chiffrées sont parfaitement claires. Seules douze affaires jugées par la Cour concernent des affaires de contrebande, pour un total de vingt-cinq personnes mises en cause entre 1816 et 1818, ce qui ne représente à l'évidence qu'une infime partie de la contrebande commise à main armée ou en bande organisée. En début de période, il faut manifestement des faits d'une exceptionnelle gravité pour que la Cour prévôtale soit saisie. Dans l'affaire Colin, qui a lieu en 1815, alors que le département du Doubs est encore en très grande partie occupé par les Autrichiens, le contrebandier installé en

---

85 Affaire Perret et Convercy, arrêt du 25 novembre 1816, arch. dép. du Doubs, 7U1/6. Convercy, qui avait tenté dans cette affaire de corrompre un lieutenant des douanes, lui expliqua qu'au cours de la première Restauration, il avait plusieurs fois organisé des convois de fraudeurs armés et qu'il n'avait jamais été pris. Il lui expliqua même « qu'il fallait gagner de l'argent où on peut » et qu'avec le gouvernement actuel, « lorsqu'on avait de l'argent, on s'en tirait toujours quoi qu'il arrive » (dossier de procédure, arch. dép. du Doubs, 7U1/10).

86 Affaire César et Bauman, arrêt du 2 mai 1817, dossier de procédure, arch. dép. du Doubs, 7U1/15.

87 Affaire Maire et Gaudet, arrêt du 12 janvier 1818, dossier de procédure, arch. dép. du Doubs, 7U1/17.

Suisse se livre habituellement au commerce illicite, à l'importation et à l'exportation, et fait accompagner ses deux voitures chargées de tabac et de sucre par trois soldats suisses bien armés[88]. Après une très longue poursuite ponctuée de coups de fusil, les douaniers parviennent enfin à arrêter le convoi, mais l'un des leurs est tué à bout portant par l'un des soldats suisses, qui prend la fuite avec ses comparses[89]. Si les douaniers parviennent fréquemment à saisir une quantité assez importante de marchandises, ils semblent beaucoup moins efficaces pour arrêter les contrebandiers[90]. L'affaire

---

[88] Affaire Colin, arrêt du 15 novembre 1816, dossier de procédure, arch. dép. du Doubs, 7U1/9. Just Colin est un Français originaire du Jura, installé dans le canton de Berne comme aubergiste. D'après les éléments recueillis par l'enquête, il acheminait en fraude du vin d'Arbois en Suisse, sans acquitter à l'administration douanière française les taxes à l'exportation, et au retour transportait en France des marchandises prohibées. Il est d'ailleurs présenté par les autorités helvétiques consultées comme un contrebandier de profession.

[89] En dépit de plusieurs demandes d'extradition, les autorités helvétiques refuseront de livrer à la justice française les soldats suisses, qui étaient pourtant bien identifiés. Elles ne jugeaient manifestement pas les faits très graves dans le contexte troublé de l'époque.

[90] Cela semble d'ailleurs une caractéristique de l'activité des douaniers sous la Restauration, comportement qui suscitait déjà des interrogations à l'époque (J. Clinquart, *op. cit.*, p. 373 à 376). L'explication la plus évidente, c'est que les fraudeurs surpris par les douaniers cherchaient d'abord à s'alléger pour se sauver rapidement, sachant que les préposés tenteraient de récupérer leur chargement, puisque les marchandises prohibées étaient confisquées par l'administration et représentaient pour cette dernière une valeur non négligeable. L'autre explication tient à la situation très délicate de la Douane au début de la Restauration : les douaniers ayant montré trop de zèle dans leurs fonctions ou ayant malmené un fraudeur pouvaient craindre à juste titre des représailles de la population, l'administration douanière et la justice ne présentant pas à leurs yeux une garantie suffisante (voir aussi H. Dhumeau, *De l'Empire à la Restauration dans la direction des douanes de La Rochelle*, Les cahiers de l'histoire des douanes et des droits indirects, AHAD, 2015, n° 56, p. 9 à 13 et p. 27 à 29.

Perret et Convercy de 1816 en fournit un exemple extrême : avertis du lieu et de l'heure de passage d'une douzaine de contrebandiers par un lieutenant des douanes qu'un négociant avait tenté de corrompre, les préposés des douanes parviennent à saisir onze ballots, mais aucun contrebandier[91] !

Une autre affaire illustre bien les difficultés auxquelles sont confrontés les douaniers et le sentiment d'impunité que semble éprouver une partie des fraudeurs. En janvier 1818, deux préposés embusqués parviennent à surprendre en pleine journée une bande composée de huit porteurs et de plusieurs autres accompagnateurs et à leur arracher un ballot. Peu de temps après, ils sont assaillis par plusieurs contrebandiers armés de pieux ou de bâtons qui tentent de récupérer leur marchandise et mettent de la neige dans le fusil des douaniers pour le rendre inutilisable. Revenant au poste de douane à la fin de leur tournée, les deux préposés sont à nouveau attaqués par six fraudeurs armés de bâtons, ils sont alors « *frappés, désarmés et terrassés* »[92] et abandonnent leur prise à leurs assaillants. S'ils reconnaissent quatre des fraudeurs qui les ont attaqués, deux prennent la précaution de s'enfuir de leur domicile et échappent donc à la justice, un seul contrebandier est finalement condamné, suite aux déclarations des douaniers selon lesquelles ils connaissaient très bien cet individu, habitant la même commune que lui[93].

A la lecture des dossiers de procédure, le sentiment qui prédomine rapidement, c'est l'inefficacité flagrante de la répression douanière à cette époque. Les autorités en étaient

---

91 Affaire Perret et Convercy, arrêt du 25 novembre 1816, arch. dép. du Doubs, 7U1/6.

92 Affaire Guyon et Benoit, arrêt du 27 avril 1818, arch. dép. du Doubs, 7U1/8.

93 A l'époque, les douaniers habitent souvent très près des contrebandiers qu'ils pourchassent dans leurs tournées. On ne peut être dans ces conditions qu'assez sceptique sur le nombre d'affaires où ils déclarent ne reconnaître aucun des fraudeurs auxquels ils sont confrontés.

manifestement conscientes. Une lettre du 9 mai 1816 de la police administrative de Paris au préfet du Doubs montre que ce dernier s'interrogeait sur l'éventuelle complicité d'une partie des douaniers : « *Vous m'assurez par votre lettre du 27 avril dernier, Monsieur le Préfet, que la contrebande a pris une très grande activité sur la frontière de votre département et que les importations frauduleuses de tissus étrangers sont extrêmement considérables. Vous pensez que cela ne peut avoir lieu sans que les fraudeurs soient favorisés par une partie des préposés des douanes. Je communique à Monsieur le Directeur Général de cette administration votre observation à cet égard* »[94]. En réaction, les autorités parisiennes conseillent au préfet de rappeler aux douaniers qu'ils ont le droit à un tiers du tabac saisi, à six francs par colporteur arrêté, de trente à vingt centimes par kilogramme de tabac fabriqué, etc., ce qui montre l'impérieuse nécessité de remotiver les troupes[95]. Les causes de cette activité réduite du corps des douanes sont multiples. Outre la désorganisation des services, s'ajoute le fait qu'il est très difficile pour les services douaniers de fonctionner efficacement tant que les troupes d'occupation sont présentes dans le département[96] : les préposés des douanes, qui étaient souvent d'anciens soldats, ont été mobilisés à deux reprises par Napoléon quand la France était envahie ; ils sont par conséquent considérés avec beaucoup de méfiance par les armées d'occupation qui supportent mal qu'ils puissent être

---

94 Arch. dép. du Doubs, P382. De manière générale, on constate que le préfet intervient très souvent sur des questions concernant le service des douanes en 1816 et en 1817, action qui est saluée par les autorités parisiennes dans une lettre du 18 avril 1816 : « J'applaudis aux soins que vous prenez pour seconder l'activité et la surveillance des douaniers ».

95 *Idem*, lettre du 18 juin 1816.

96 C'est le cas pendant toute la période de la cour prévôtale, puisque les troupes autrichiennes et suisses occupant le département du Doubs le quitteront en 1819.

armés et qu'ils puissent recourir à la contrainte[97]. L'administration des douanes est en outre très impopulaire en Franche-Comté depuis l'Ancien Régime[98] et ce sentiment peut s'exprimer pratiquement sans entraves dans le contexte d'invasion du pays et du fragile rétablissement de la dynastie des Bourbons. L'hostilité des Comtois, dont la prospérité dépend largement des échanges frontaliers, est d'autant plus forte qu'ils avaient d'abord espéré que le nouveau régime choisirait une politique douanière plus libérale[99].

L'administration des douanes est de surcroît alors critiquée au sommet du pouvoir par les ultra-royalistes, comte d'Artois en tête, qui considèrent la Douane comme un repère de bonapartistes, d'où une épuration assez vigoureuse au début de la seconde Restauration. Les archives départementales du Doubs contiennent de nombreuses traces de cette épuration qui est menée par la direction des douanes[100], mais qui se fait

---

97 Le sous-préfet de Montbéliard évoque ce problème quand il fait savoir au préfet du Doubs, dans un courrier du 30 septembre 1815, que les employés des douanes sont armés d'un fusil dans l'exercice de leurs fonctions : « Quoique d'après les conventions avec l'Empereur d'Autriche, il ne doit pas y avoir d'entrave aux fonctions des agents français, les Autrichiens ont toujours considéré les employés des douanes plus comme militaires que comme agents civils. Il est à craindre que s'ils venaient à avoir connaissance de cette infraction à ce qui a été décidé lors de la reprise de leur fonction, ils n'en prissent prétexte pour les faire totalement désarmer et leur interdire toute espèce de service » (arch. dép. du Doubs, M 697).

98 Voir notamment A. Ferrer, *op. cit.*, p. 79 à 85.

99 Dans un premier temps, le gouvernement de la première Restauration avait envisagé de mettre en place une politique libérale favorable aux échanges commerciaux, mais l'affaiblissement du régime suite aux Cent-Jours va le conduire à céder à la pression des protectionnistes et des manufacturiers dans la loi du 28 avril 1816 qui établit la politique douanière de la Restauration (cf. F. Démier, *op. cit.*, p. 107 à 114 et J. Clinquart, *op. cit.*, p. 45 à 55).

100 Dossier M697 des archives départementales du Doubs. Pour des données plus précises sur l'épuration menée dans une direction des

surtout sous la pression directe des autorités politiques et administratives. Les autorités préfectorales sont ainsi associées étroitement à l'opération, puisque le Directeur des douanes de Besançon, Joseph Barnabé Faurie de Vienne[101], demande des renseignements confidentiels au préfet, aux sous-préfets et aux maires[102] pour connaître le comportement de ses employés au cours de « *l'interrègne* ». Le sous-préfet de Montbéliard fait ainsi preuve d'une très grande ardeur pour dénoncer les mauvais éléments de ce service qu'il exècre. Dans un courrier qu'il adresse au préfet en septembre 1815, il remarque : « *Je ne puis rien ajouter à ce que j'en ai déjà dit ; c'est un corps gangréné, qui ne compte pas dans son sein un quart d'employés qui, par leurs opinions, n'ait pas mérité d'être cassé. Le vice existe dans les chefs qui, par*

---

douanes, celle de La Rochelle, H. Dhumeau, *op. cit.*, p. 9 à 13 et p. 19 à 22.

101 Il a dirigé les services comtois de la répression contre la contrebande de 1785 à 1823, soit une longévité remarquable pour une époque qui a connu tant de changements de régime. On peut soupçonner que Faurie de Vienne se soit retrouvé en position fort inconfortable, comme beaucoup de membres de la haute administration, au moment où cette épuration est réclamée au sommet du pouvoir, puisqu'il a dû nécessairement faire preuve d'une très grande souplesse pour conserver vaille que vaille son poste en dépit des aléas politiques… Il était donc obligé de montrer beaucoup d'ardeur pour prouver son attachement à la monarchie restaurée.

102 Apparemment les maires ont fait preuve de peu d'empressement dans cette tâche. D'après le Directeur des douanes de Besançon: « J'ai écrit circulairement à messieurs les Maires des communes où il y a des établissements de douane pour les prier de me donner sur la conduite publique et privée des employés, dans ces derniers temps, tous les renseignements qu'ils pourraient me procurer. Mais j'ai remarqué qu'au lieu d'obtenir la vérité que j'avais lieu d'attendre aussi par cette voie, quelques-uns de ces fonctionnaires ont donné des certificats honorables à des hommes qui n'en étaient nullement dignes et qu'ainsi des êtres dangereux pourraient en toute sécurité continuer ouvertement leurs manœuvres criminelles et achever si cela était possible de pervertir les Esprits » (lettre au préfet du 29 août 1815, arch. dép. du Doubs, M697).

pusillanimité ou par principe, tolèrent dans leurs subalternes les opinions qu'ils professent ouvertement, et dont on dirait qu'ils se font gloire »[103]. Il est difficile de savoir exactement quel a été le résultat de ces investigations assez poussées, mais elles ont donné lieu à de nombreuses mutations et à de plus rares destitutions ou mises à la retraite d'office[104].

Tous ces éléments ne pouvaient que contribuer à rendre très difficile et éprouvant l'exercice de leur profession par les douaniers et expliquent que leur zèle ait pu être assez limité quand il s'agissait d'identifier des contrebandiers qu'ils connaissaient. Le risque de subir des représailles de la population sans être soutenus par leur hiérarchie et par la justice était manifestement fort élevé.

On pourrait penser que le faible nombre de contrebandiers mis en cause aurait pour conséquence une répression importante contre ces derniers, puisque les faits étaient le plus souvent bien avérés, prouvés de manière satisfaisante, avec des délinquants bien identifiés. Mais bien loin des discours

---

103 Lettre du 11 septembre 1815, arch. dép. du Doubs, M697.

104 Parmi d'autres documents, le préfet du Doubs adresse le 26 septembre 1815 au Directeur des douanes de Besançon un rapport sur 67 employés des douanes. Pour ne donner qu'un exemple, à propos de l'inspecteur Gay de Montbéliard, il est indiqué : « C'est un employé instruit, intelligent, qui, pendant l'interrègne, s'est conduit avec sagesse et modération, qui aujourd'hui manifeste du dévouement pour la cause du Roi ; Cependant beaucoup de ses subordonnés se sont faits remarquer sous le règne de l'usurpateur par la violence de leurs opérations, celle de leurs procédés ; Plusieurs d'entre eux ont été des fauteurs d'insurrection ; Il en est même aujourd'hui qui se montrent en uniforme et sans cocarde blanche, et le Sieur Gay, qui en a eu connaissance, n'a jamais rien fait, soit pour empêcher ces abus, soit pour ramener les employés sous ses ordres aux sentiments qui devaient les animer. Son changement de résidence pourrait être nécessaire ». De fait, dans la marge de ce document, il a souvent été ajouté le commentaire « changé » en face de la mention des employés ainsi évalués (arch. dép. du Doubs, M697).

martiaux prononcés lors de l'investiture de la Cour prévôtale, les juges bisontins se sont montrés souvent cléments dans le jugement des affaires de contrebande.

II. Une répression très modérée de la contrebande par la Cour prévôtale du Doubs

L'indulgence de la Cour prévôtale dans les affaires de contrebande se traduit par des sentences le plus souvent légères par rapport à la peine encourue, mais en amont, elle s'explique principalement par les positions excessivement restrictives du Parquet dans la poursuite de cette forme de délinquance.

A) Des sentences excessivement indulgentes de la Cour prévôtale pour réprimer la contrebande

Si les dispositions pénales sur la répression de la contrebande ne brillent pas par leur simplicité au début de la Restauration, elles n'en sont pas moins rigoureuses. Aux dispositions initiales des deux premiers Codes pénaux de 1791 et de 1810 qui visent les actes de rébellion commis contre des dépositaires de l'autorité s'est ajoutée, au gré des changements de la politique douanière des différents régimes depuis la Révolution, une multitude de textes qui a peu à peu aggravé la répression contre les fraudeurs[105]. Si une partie de la législation napoléonienne liée au Blocus a logiquement disparu en 1815 faute d'objet, les cours prévôtales peuvent encore recourir à des peines lourdes, qui vont jusqu'à la peine capitale, en fonction des types de contrebande qui sont de leur compétence[106]. En vertu de cette législation sévère, sur les

---

105 Voir B. Gallinato, *op. cit.*, p. 249 à 250, et R. Corbaux, *op. cit.*, p. 16 à 29.

106 Notamment en vertu de l'article 4 de la loi des 13-23 floréal de l'an XI qui punit de la peine capitale tous les contrebandiers et leurs complices qui se seraient livrés à la contrebande avec attroupement et port d'armes. Ce crime était de la compétence des cours de justice spéciales

vingt-cinq individus déférés devant la Cour prévôtale du Doubs pour faits de contrebande, dix étaient accusés de divers crimes pouvant être sanctionnés d'une peine allant de la réclusion jusqu'à la peine capitale, quinze étaient jugés pour un délit sanctionné d'après la loi du 28 avril 1816 par une peine d'emprisonnement de six mois à trois ans, de la confiscation de la marchandise passée en fraude et des moyens de transport et d'une amende de 1000 ou 2000 francs.

Ces peines encourues sont loin d'être confirmées par les cinq magistrats professionnels qui forment la cour prévôtale. A la suite de leur verdict, dix individus jugés pour contrebande sont mis hors de cause à la suite d'un acquittement ou d'un rejet de l'accusation, deux sont renvoyés devant le juge ordinaire, douze sont condamnés à six mois d'emprisonnement, un à deux ans d'emprisonnement, enfin un seul contrebandier est puni d'une peine criminelle de huit ans de réclusion, à laquelle s'ajoute une heure de carcan. Dans cette dernière affaire déjà évoquée, qui est aussi la dernière jugée par la Cour prévôtale, la sévérité des juges résulte certainement du fait que les douaniers ont été agressés avec une violence particulière, par deux fois à quelques heures de distance, et que ces exactions semblent sans doute moins excusables aux yeux des juges en 1818, à un moment où le calme se rétablit peu à peu dans le royaume[107]. En dehors de ce seul cas, même si le fait de mettre fin aux violences et aux désordres avait été un des éléments à l'origine de la mise en place de cette juridiction d'exception, les circonstances de rébellion armée, sédition et voies de fait, transformant l'infraction en crime, sont rejetées dans les trois autres affaires où elles sont manifestes. Ces circonstances semblent donc

---

mis en place sous le Consulat, dont la compétence a été reprise par les cours prévôtales en vertu de l'ordonnance du 20 décembre 1815.

[107] Affaire Guyon et Benoit, arrêt du 27 avril 1818, arch. dép. du Doubs, 7U1/8.

rarement retenues[108]. Cas extrême, puisque cette affaire avait provoqué la mort d'un préposé des douanes dans l'exercice de ses fonctions, Colin, qui nous l'avons vu, s'était servi de soldats suisses pour protéger son expédition frauduleuse et qui était accusé, entre autres, d'être « *l'instigateur, l'auteur et le provocateur* » du meurtre, n'est finalement puni que par deux ans d'emprisonnement pour « *homicide involontaire* », les faits étant requalifiés[109]. Une telle mansuétude pour des faits aussi graves s'explique assez mal au vu du dossier de procédure, même si les juges mettent en avant dans leur sentence, qui est très détaillée, que l'escorte des trois soldats suisses n'était pas destinée à soutenir la fraude, qu'en cette période de grands désordres, Colin avait pu juger utile de se faire escorter pour préserver ses biens, qu'il n'avait pas voulu l'acte de rébellion, etc., autant d'éléments qui reprennent sans aucune restriction

---

108 Dans l'affaire Guyon et Cléret, arrêt du 6 septembre 1817, arch. dép. du Doubs, 7U1/7, la violence n'est pas non plus retenue en dépit de la gravité des faits. Au cours d'une arrestation musclée de deux porteurs chargés de mousseline et de coton, un des douaniers est frappé, comme il l'expose au prévôt : « il [un des porteurs arrêtés] m'a lancé trois coups de bâton dont deux m'ont atteint au bras gauche l'autre légèrement à la figure ; me voyant dans la nécessité de repousser la force par la force, étant éloigné de mes camarades, ne voulant cependant pas lâcher mon coup de feu sur ledit Guyon, j'ai repoussé ses attaques en lui apposant sur la tête plusieurs coups du canon de mon fusil qui l'ont étendu à mes pieds ». La déposition est intéressante, car elle met bien en évidence qu'étant donné l'hostilité dont le corps des douanes est l'objet au début du XIXe siècle, les douaniers sont obligés d'être excessivement prudents pour repousser une attaque. De son côté, Guyon, qui ne peut nier avoir porté le ballot saisi, expose n'avoir eu qu'un « bâton gros comme le pouce » (expression qui est d'ailleurs reprise telle quelle par son complice) pour s'appuyer et n'avoir attaqué aucun des préposés. Les circonstances de rébellion et de voies de fait n'ayant pas été retenus par la Cour, les deux porteurs furent condamnés à six mois de réclusion.

109 Affaire Colin, arrêt du 15 novembre 1816, arch. dép. du Doubs, 7U1/6.

la défense de l'accusé. Le cas de la Cour de Besançon ne semble pas isolé.

Pour prendre l'exemple d'une juridiction douanière ayant fonctionné peu de temps auparavant, Roger Corbaux observe à propos de la Cour prévôtale des Douanes de Nancy sous Napoléon : « *Lorsque le fait d'avoir opéré* "avec attroupement et port d'armes" *paraît lourd de conséquences pour les accusés, la Cour cherche et trouve des solutions d'apaisement* », de même qu'il remarque peu après : « *aucun accusé ne fut sans doute condamné à tort ; les plus fallacieuses excuses, pourvu qu'elles eussent un semblant de cohérence, leur ont toujours bénéficié* »[110], ce qui correspond exactement à ce que nous avons constaté dans nos dossiers. Un autre élément surprenant mérite d'être signalé : la Cour prévôtale du Doubs tient très peu compte dans ses sentences du rôle exact des auteurs de la fraude. Si les simples porteurs bénéficient assez logiquement de l'indulgence de la Cour, étant donné leur rôle mineur dans l'infraction[111], les trois

---

110 R. Corbaux, *op. cit.*, respectivement p. 169 et 173 et plus largement sur la répression de cette cour, voir p. 168 à 180. S. Marzagalli parle de son côté « d'impossible répression » de la contrebande pour la période napoléonienne, une période où la Douane était pourtant beaucoup mieux organisée et plus puissante (« Forme et enjeux de la contrebande et de la fraude à l'époque napoléonienne », *in Territoires de l'illicite et identités portuaires et insulaires du XVIᵉ au XXᵉ siècle*, sous la direction de M. Figeac-Monthus et C. Lastécouères, Paris, Armand Colin, 2012, p. 198 à 201).

111 Ils mettent en avant logiquement que leur situation misérable les a poussés à accepter l'offre qu'on leur faisait. Par exemple, César, un « *manouvrier* » d'origine suisse, arrêté en 1817 en train de porter un ballot contenant 17 kilogrammes des mousselines et de coton, avoue au prévôt : « *Comme je suis misérable, j'acceptais sa proposition* [la somme de 12 francs pour porter un ballot], *mais j'ignore pour le compte de qui il m'employait* » (affaire César et Bauman, arrêt du 2 mai 1817, dossier de procédure, arch. dép. du Doubs, 7U1/15). Il faut d'ailleurs noter que trois des porteurs jugés par la Cour sont suisses, ce qui nous rappelle qu'en ce début du XIXᵉ siècle, l'économie suisse n'est pas encore bien florissante.

individus qui sont directement à l'origine de la contrebande ne sont pas distingués. Ainsi, tout comme son complice Perret, négociant à Lure, Convercy, qui avait tenté de corrompre un lieutenant des Douanes et lui avait indiqué qu'il avait plusieurs fois été l'entrepreneur de bandes armées pendant les Cent-Jours, est puni des habituels six mois d'emprisonnement, dont on frappe aussi ordinairement les humbles porteurs[112]. L'étude des fonds préfectoraux sur les affaires douanières permet de comprendre que les deux individus bénéficiaient de protections haut placées[113]. Ils sont tout de même « touchés au portefeuille » – et condamnés solidairement à une amende équivalant au double de la valeur de la marchandise saisie, ce qui représente déjà une valeur considérable, et ils sont simplement frappés d'un certain nombre d'incapacités professionnelles[114].

On peut relever trois éléments qui montrent la grande clémence des juges de la Cour prévôtale en matière de contrebande. D'abord, près de la moitié des personnes poursuivies ne sont finalement pas condamnées, à la suite d'un arrêt d'incompétence, d'un rejet de l'accusation ou d'un renvoi devant le juge ordinaire. Ensuite, ils pratiquent très largement la disqualification de l'accusation initiale, en ne retenant qu'à l'encontre d'un seul condamné le caractère criminel de l'acte, ce qui leur permet de prononcer des peines légères pour les autres. En dernier lieu, dans le jugement des simples délits de contrebande, les juges utilisent systématiquement leur pouvoir d'appréciation sur la peine pour fixer la

112 Affaire Perret et Convercy, arrêt du 25 novembre 1816, arch. dép. du Doubs, 7U1/6.

113 Lettre du Directeur des douanes au préfet du 27 juin 1816, arch. dép. du Doubs, P382.

114 De même, et c'est unique dans nos affaires, Perret et Convercy ont acquitté une caution respectivement de 10 000 francs et 3 000 francs pour bénéficier de la liberté provisoire avant jugement, ce qui montre bien que ces deux individus étaient manifestement très aisés.

sanction minimale, six mois d'emprisonnement, alors qu'ils pourraient aller jusqu'à trois ans, de même qu'ils adoptent, sauf dans un cas exceptionnel, l'amende la plus faible de 1000 francs, qui pourrait être doublée[115].

Il faut manifestement déduire de ces sentences qu'en dehors des éléments juridiques, d'autres éléments politiques sont intervenus pour expliquer cette étonnante mansuétude en matière de contrebande. En effet, les juridictions prévôtales de la Restauration ne sont pas réputées pour avoir été particulièrement indulgentes et pour les autres infractions qu'elle avait à juger – de droit commun à une écrasante majorité –, la Cour prévôtale du Doubs ne s'est pas caractérisée par sa clémence : elle a notamment prononcé six peines capitales et neuf peines de travaux forcés à perpétuité, en grande partie dans des affaires de fausse monnaie de faible ampleur. Pour les affaires de contrebande, plusieurs éléments ont pu encourager les magistrats à les traiter avec davantage de mansuétude. Joue d'abord certainement la crainte des autorités de prononcer des condamnations paraissant excessives à la population, étant donné l'hostilité connue et ancienne des Comtois à l'égard des douanes[116]. Ensuite, le

---

115 Ces données sont intéressantes au regard de l'un des grands débats judiciaires du début du XIXe siècle : les jurés réputés laxistes étaient rendus responsables de la faiblesse de la répression des cours d'assises par leur propension à acquitter une forte proportion des accusés et par leur tendance à disqualifier les faits pour abaisser la peine (G. Mickeler, *La peine de mort et les travaux forcés à perpétuité devant la Cour d'assises d'Eure-et-Loir (1811-1900)*, Thèse Droit, Paris XII, 1999). Face à des sanctions qu'ils jugeaient manifestement disproportionnées pour réprimer la contrebande, les magistrats professionnels de la Cour prévôtale du Doubs ont réagi exactement de la même manière en utilisant tout l'arsenal dont ils disposaient pour abaisser le quantum de la peine.

116 Pour S. Marzagalli, qui a constaté dans ses travaux la faible répression des Cours prévôtales des douanes de Bordeaux, Hambourg et Livourne sous Napoléon, il s'agit de la principale explication (« L'application du Blocus continental ou l'impossible contrôle des

département du Doubs est fort calme au début de la seconde Restauration, comme l'atteste un courrier du procureur de la Cour prévôtale adressé le 22 février 1817 au garde des Sceaux[117]. Il n'y a aucune manifestation de rébellion ou de sédition contre le régime, et dans ces conditions, il est malvenu de prendre des décisions susceptibles de générer des désordres. Or, la Cour prévôtale exerce son activité au cours d'une période très délicate, marquée par la crise de subsistance des années 1816 et 1817. La famine est particulièrement intense en Franche-Comté, car la région n'est déjà pas ordinairement autosuffisante en céréales et les exportations frauduleuses de blé en Suisse, où la disette sévit aussi, aggravent encore la situation[118]. Dans ce contexte très particulier et potentiellement explosif, la juridiction prévôtale, dont la vocation politique assumée était de soutenir le nouveau régime, n'avait pas intérêt à jeter de l'huile sur le feu, alors que l'ordre public régnait peu ou prou dans le département. Un dernier élément permet de comprendre l'intervention si mesurée de la Cour prévôtale du Doubs en matière de fraude douanière.

---

populations à l'époque du Premier Empire » *in Pouvoirs et littoraux du XVe au XXe siècle*, Actes du colloque international de Lorient (24, 25, 26 septembre 1998), sous la direction de G. Le Bouëdec et F. Chappé, Rennes, PUF, 2000, p. 405 à 408).

117 Lettre du Procureur de la Cour au garde des Sceaux du 22 février 1817, n° 139, arch. dép. du Doubs, 7UI/2 : « Depuis la loi du 11 mai 1816, époque de l'installation des cours prévôtales, quatorze affaires ont été portées à l'audience, dont aucune accusation n'avait pour objet des actes séditieux depuis la Loi spéciale réprimant ces crimes et il ne s'est présenté dans l'étendue du département aucune affaire qui offrît seulement l'apparence de cette nature punissable au grand criminel ». Voir aussi R. Marlin, *op. cit.*, p. 43 à 47 qui oppose le calme du département du Doubs aux désordres intervenus à la même époque en Haute-Saône ou dans le Jura.

118 Voir R. Marlin, *op. cit.*, p. 18.

B) Une prise en considération très restrictive des faits de contrebande par le Parquet

Juste après l'adoption de la loi douanière très répressive de 1816, le Directeur Général des Douanes, Pierre de Saint-Cricq, envoyait des instructions aux directions locales pour qu'elles fassent preuve de retenue dans leur recours aux juridictions prévôtales : il était demandé aux préposés d'admettre de façon restrictive les circonstances, notamment quant au nombre des fraudeurs permettant l'intervention de cette juridiction d'exception[119]. Dans le département du Doubs, le procureur du roi de la Cour prévôtale, Félix Bourqueney, semble avoir suivi cette ligne de conduite avec la plus grande rigueur. D'abord, on observe que dans trois affaires sur douze, son réquisitoire final concluait à l'insuffisance des charges, ce qui ne pouvait qu'amener les juges à rejeter l'accusation. Par exemple, dans une affaire de 1817 où des employés avaient été frappés, le procureur affichait son scepticisme en concluant « qu'il n'y avait aucune charge contre les prévenus, ni même de probabilité que l'avenir en puisse procurer »[120] ! Ensuite, l'étude du registre de correspondance de ce procureur montre son extrême réticence à retenir les circonstances aggravant les faits de contrebande. Dans une affaire où un coup de bâton a été porté à un douanier, il considère que, d'après l'esprit de la loi, il faut que tous les coupables de la résistance armée aient été porteurs d'armes, ce

---

119 « S'il convient de ne jamais soustraire à la juridiction prévôtale ceux dont l'arrestation serait évidemment accompagnée des circonstances prévues (par la loi),[...] il convient aussi de ne jamais rien donner à de simples présomptions : ce qui arriverait si, par exemple, les préposés rencontrant une troupe de plus de six hommes à pied, mais dont quelques-uns ne porteraient rien, considéraient ces derniers comme n'en faisant pas moins, sous le rapport de la contrebande, partie de la troupe », Circulaire du 1er mai 1816, citée par J. Clinquart, *op. cit.*, p.53-54.

120 Affaire Maire, Longchamp-Blaise, Longchamp-Blaise, arrêt du 22 février 1817, arch. dép. du Doubs, 7U1/7.

qui semble une interprétation bien extensive[121]. C'est la question du nombre de contrebandiers dans l'infraction qui suscite le plus de controverses et qui débouche parfois sur l'incompétence de la Cour prévôtale. Le procureur considère que les estimations des employés des douanes ne sont pas assez précises dans les procès-verbaux introductifs, quand ils indiquent, comme cela est fréquent, que la bande est composée d'environ « *quinze-vingt personnes* ». Il faut bien comprendre que les faits se déroulent souvent en pleine nuit, que les douaniers ne sont le plus souvent que deux ou trois quand ils surprennent les fraudeurs et qu'ils ne sont pas dans des conditions optimales pour les dénombrer de façon précise et pour noter exactement lesquels sont porteurs de ballots, lesquels sont chargés de faire le guet, lesquels sont armés, etc., autant d'indications que souhaiteraient voir mentionnées les autorités judiciaires. Ainsi une affaire ayant permis la saisie de dix ballots par les douaniers ne semble pas de nature à faire présumer au procureur que la bande de contrebandiers était composée de plus de six personnes, comme exigé par la loi. Comme il l'écrit au procureur de Pontarlier : « *Il y a réellement un grand doute sur le nombre de contrebandiers et dès lors il est prudent*

---

121 « Le procès-verbal constate même qu'il n'y a eu qu'un coup de bâton porté. Mais je remarque que ce coup a été porté par l'un des fugitifs et qu'il n'est point énoncé que le prévenu arrêté ni les autres fussent munis de bâtons. Ce fait isolé suffit-il pour constituer la rébellion avec arme ? Il me semble que l'esprit de la loi est qu'il y ait eu de la part de tous les coupables de la résistance port d'instruments réputés armes, que du moins plusieurs des acteurs de la scène en aient été munis. Il faut de même semble [sic] mettre une grande différence entre le port d'un bâton dont on peut être muni sans intention préméditée d'en faire usage et le port d'une arme proprement dite », Lettre du procureur du 31 mars 1817 au juge d'instruction, n° 166, arch. dép. du Doubs, 7UI/2. Dans les faits, il est évident que les fraudeurs sont conscients de cette ambiguïté quand ils sont munis d'un bâton et que les douaniers de leur côté considèrent toujours cet objet comme une menace potentielle.

de ne pas saisir la Cour prévôtale. D'ailleurs l'affaire est de peu d'importance puisqu'un seul homme a été arrêté. Je remarque que le poids des dix ballots est à peu près 450 kg, chaque ballot de moins de 50 kg et que chaque contrebandier peut en porter deux. Dès qu'il y a le moindre doute, vous devez saisir le tribunal correctionnel »[122]. On pourrait évidemment se demander si ce procureur se promenait souvent en montagne avec 90 kg sur le dos mais, de fait, cette affaire ne fut pas transmise à la Cour prévôtale. Ces exemples d'interprétations excessivement restrictives de la législation douanière contribuent à expliquer le faible contentieux de cette juridiction[123].

Tous les magistrats de la Cour prévôtale ne partageaient pas des positions aussi strictes, ce qui devait entraîner des tensions au sein de la juridiction. Dans une affaire de 1817, où l'imprécision du procès-verbal des douaniers quant au nombre « *d'environ quinze contrebandiers* » avait permis aux deux suspects d'exposer qu'ils faisaient partie d'un groupe composé de cinq hommes seulement, le prévôt remarquait que la bande n'avait

---

122 Lettre du procureur du 24 septembre 1817, n° 208, arch. dép. du Doubs, 7UI/2. Il faut d'ailleurs noter que la loi de 1816 ne faisait aucune référence au nombre de fraudeurs arrêtés et que la saisie de dix ballots pour 450 kg de marchandises ne constituait pas à cette époque pour les douanes une affaire « de peu d'importance ».

123 On peut aussi penser comme le montrent de nombreuses allusions dans les archives de la préfecture que les douanes traitaient beaucoup d'affaires de façon administrative en transigeant sous forme d'amende avec les contrebandiers arrêtés, suivant une pratique qui remonte à l'Ancien Régime. Les autorités parisiennes rappellent en effet plusieurs fois au préfet du Doubs qu'on ne peut cumuler une peine et une amende. A propos d'une affaire où treize ballots de tissus ont été saisis, affaire non jugée par la Cour prévôtale, il est indiqué : « Si les individus dont il s'agit sont dans le cas d'être poursuivis devant les tribunaux et condamnés aux amendes qu'ils ont encourues, il ne conviendrait pas qu'ils fussent poursuivis en même temps par voie administrative et punis par deux fois pour le même délit » (lettre du 9 mai 1816 de la police administrative de Paris au préfet du Doubs, arch. dép. du Doubs, P382).

pu être composée de cinq personnes, puisque cinq ballots avaient été saisis et qu'il y avait ordinairement dans ces circonstances des fraudeurs non chargés assistant les porteurs[124].

On constate plus généralement dans la correspondance du procureur que les relations avec la Direction des douanes de Besançon sont très tendues. Ainsi, le procureur critique fortement l'imprécision générale des procès-verbaux rédigés par les douaniers en remarquant que certains ne mentionnent pas le nombre de contrebandiers observés ou la date de saisie de marchandises prohibées ou encore la qualité des douaniers ayant procédé à la prise, et il conclut : « *comment de pareils procès-verbaux peuvent entraîner la conscience des juges !* »[125]. Il critique aussi fermement les procédures douanières en remarquant :

> « Je suis loin de partager votre opinion et celle de M. le Conseiller d'Etat, Directeur Général des Douanes, sur les formalités de saisies opérées dans l'intérieur. Cette opinion me paraît tellement contraire à la loi et aux principes que je m'empresse de vous instruire que je ne l'appuierai point devant le Tribunal et qu'au contraire lorsque la nullité du procès-verbal sera demandée et qu'il n'y aurait point d'ailleurs de preuve de culpabilité, je requerrai moi-même que cette nullité soit prononcée ou que le prévenu soit acquitté »[126].

---

[124] Affaire Maire et Gaudet, arrêt du 12 janvier 1818, dossier de procédure, arch. dép. du Doubs, 7U1/17. Ce raisonnement beaucoup moins restrictif que celui du procureur fut retenu, puisque Maire et Gaudet furent chacun condamnés à six mois de prison.

[125] Lettre du procureur du 24 septembre 1817 au Directeur des douanes de Besançon, n° 206, arch. dép. du Doubs, 7UI/2. Il faut considérer que les douaniers ne brillaient pas à l'époque par leur niveau d'instruction, il était donc malaisé, au moins à court terme, pour l'administration de trouver des remèdes satisfaisants pour mettre fin à ces dysfonctionnements.

[126] *Ibidem.*

Dernier exemple, il enjoint avec acrimonie au Directeur des douanes de donner son avis sur les affaires de contrebande : « *Aussi, je désirerais, Monsieur, que lors de l'envoi de chaque affaire, vous y joignissiez les conclusions écrites de l'administration, portant les désignations des délinquants et les bases de la décision à prendre. Ces décisions me dirigeraient ainsi que le Tribunal. Il est un peu tard de ne les donner, comme vous l'avez pratiqué jusqu'ici, qu'au moment de l'Audience. Lorsqu'une affaire présente quelques difficultés, je désire fort avoir votre avis, c'est ainsi que nous le pratiquons avec les autres administrations* »[127]. Ces courriers montrent bien que la collaboration entre l'administration des douanes et la justice a été fort difficile, ce qui n'a certainement pas favorisé la répression de la contrebande la plus grave dans le département du Doubs.

En conclusion, il faut noter que dès 1818, le gouvernement monarchique modifie le mécanisme général de la répression de la contrebande. Par la loi du 21 avril 1818, tous les faits de contrebande doivent désormais être jugés par une juridiction ordinaire. C'est, définitivement, la fin des nombreuses juridictions d'exception intervenues en matière douanière depuis l'Ancien Régime, ce qui représente une césure essentielle, et dans le but de revenir à un niveau plus acceptable de répression, la notion de crime de contrebande disparaît[128]. La cour d'assises ne peut être saisie d'un fait de contrebande que s'il a été commis en même temps qu'un crime de droit commun (coups et blessures graves, homicide volontaire, etc.). Cette législation plus modérée constituera l'un des

---

[127] Lettre du procureur du 23 septembre 1817 au Directeur des douanes de Besançon, n° 205, arch. dép. du Doubs, 7UI/2.

[128] Voir B. Gallinato, *op. cit.*, p. 257 à 260. Cette loi portait en principe sur la répression de la contrebande maritime, mais elle comportait en réalité des effets beaucoup plus généraux. L'auteur juge la loi « très novatrice par son appel à la modération de la sanction » (p. 260), modération que l'on retrouve souvent dans les arrêts en matière de contrebande de la Cour prévôtale du Doubs.

principaux textes de la répression douanière jusqu'à la fin du XIXe siècle. Même si le comportement de chaque cour prévôtale a été assez différent en fonction de la situation politique et des circonstances locales de chaque département[129], l'exemple de la juridiction du Doubs est intéressant. On peut penser que l'indulgence très nette pour les faits de contrebande des magistrats bisontins, ainsi que le caractère très inadapté de cette répression pour lutter contre la fraude, expliquent bien le changement de législation intervenu en 1818, car le traitement judiciaire de la contrebande par cette Cour met clairement en lumière le fossé qui existait au début de la Restauration entre l'intransigeance de la loi et la nette répugnance des juges à l'appliquer.

---

[129] Voir A. Paillet, *op. cit.*, p. 140 à 142. Pour donner des exemples de juridictions ayant exercé leurs fonctions dans des départements où il y avait traditionnellement une contrebande active, les Cours prévôtales du Bas-Rhin et du Haut-Rhin n'ont jugé respectivement que quinze et neuf affaires de contrebande (P. Leuilliot, *L'Alsace au début du XIXe siècle, Essais d'histoire politique, économique et religieuse (1815-1830)*, Paris, 1959, tome 1, p. 127 à 128), soit des montants très faibles et assez semblables à ceux relevés pour la juridiction prévôtale du Doubs. En revanche, dans le département du Nord, la cour prévôtale a beaucoup été utilisée pour juger les affaires de contrebande, puisque la répression de cette infraction représentait la très grande majorité de son contentieux, avec un total de 127 affaires (J.-P. Royer, *La cour prévôtale du Nord (1816-1818)*, compte-rendu des journées internationales de droit des pays flamands, picards et wallons, Louvain, 1976, *Revue du Nord*, Villeneuve-d'Ascq, 1977, tome 59, n° 232, p. 139-140). De même, les sanctions finalement décidées par les juges ont été certainement bien différentes en fonction des juridictions : dans le Var, sur les vingt et un fraudeurs jugés, dix ont été condamnés à une peine criminelle allant jusqu'aux travaux forcés à perpétuité et seulement huit ont été finalement mis hors de cause (E. Poupé, *La Cour prévôtale du Var (1816-1818)*, Draguignan, Imprimerie H. Cauvin, 1915, p. 12), soit des sentences bien éloignées de la clémence des magistrats du Doubs.

Pourquoi lutter contre la contrefaçon ? Quelques pistes économiques

Samuel FEREY[130]

Il existe, en économie, de multiples perspectives sur le phénomène de la contrefaçon selon, notamment, qu'on l'envisage d'un point de vue empirique ou théorique. Empiriquement, en effet, la contrefaçon est associée à un certain nombre de coûts tels que le chiffre d'affaires perdu par les entreprises victimes de produits contrefaisants, les emplois perdus, les effets sur le commerce international ou encore le coût, financé sur ressources publiques, de la lutte contre la contrefaçon. Rien n'est simple en cette matière et il faut se méfier des prénotions : Maître et Perrino rappellent, par exemple, un fait paradoxal montrant que le chiffre d'affaires de l'activité maroquinerie de LVMH est corrélé positivement avec le nombre de sacs Vuitton contrefaisants saisis par les douanes. Ainsi, alors que l'on pourrait penser que les produits contrefaisants viennent se substituer aux biens de marques, les choses paraissent complexes.

Du point de vue théorique, de nombreuses contributions ont tenté de rendre compte de la contrefaçon et permettent de mettre en perspective les efforts déployés par la puissance publique pour lutter contre ce phénomène[131]. La difficulté provient du fait que tous les cas de contrefaçons ne relèvent

[130] Professeur de sciences économiques à l'Université de Lorraine, BETA-CNRS UMR 7522. Adresse pour correspondance : Samuel.Ferey@univ-lorraine.fr. L'auteur remercie Sébastien Evrard et Jean-Luc Piotraut ainsi que les participants des cinquièmes journées lorraines de la propriété intellectuelle pour leurs remarques précieuses. Toute erreur ou ambiguïté reste évidemment nôtre.

[131] Voir par exemple, G. Akerlof, (1970), « The market of Lemons : Qualitative Uncertainty and the Market Mechanism », *Quarterly Journal of Economics*, vol. 84, n° 3, pp. 488-500.

pas des mêmes concepts et, selon les scenarios que l'on considère et les explications que l'on construit, le jugement que l'on peut avoir sur la lutte anti-contrefaçon, par l'État et le droit, se trouve modifié[132]. Parallèlement, cette littérature économique sur la contrefaçon est amenée le plus souvent à dialoguer avec une autre littérature particulièrement importante et qui porte sur l'analyse générale de la consommation notamment pour expliquer pourquoi les consommateurs sont attachés à certaines marques ou à certains produits et présentent des degrés assez faibles de substitution entre produits qui semblent pourtant similaires. C'est alors les nouvelles représentations de l'acteur économique, celle de Becker, de la nouvelle microéconomie ou encore de l'économie comportementale qui sont utiles pour saisir les impacts possibles de la contrefaçon[133].

---

132 Précisons évidemment que nous parlerons ici uniquement des cas de contrefaçon au sens strict et non de l'imitation au sein du processus concurrentiel en général. En effet, à bien y réfléchir, le processus de marché concurrentiel est tout entier un processus de recherche de monopole (inventions, nouveaux objets répondant à des nouveaux besoins) puis de destruction des rentes de monopoles ainsi créés par l'imitation de l'innovateur menant alors à de nouvelles innovations, *etc.* C'est par l'imitation que le processus concurrentiel rend les rentes temporaires et permet qu'elles ne se maintiennent pas mais ceci n'implique pas qu'il y ait dans l'économie des produits contrefaits et contrefaisant au sens strict.

133 Voir par exemple en économie Ph. Maitre et M. Perrino, (2007), « Ostentation et Contrefaçon », *Revue d'Économie Industrielle*, n°117, pp. 75-92 ; L.-S. Bagwell et B.-D. Bernheim, (1996), « Veblen Effects in a Theory of Conspicuous Consumption », *American Economic Review*, vol. 86, n° 3, pp. 349-373 ; G.-M. Grossman et C. Shapiro, (1988a), « Counterfeit-Product Trade », *American Economic Review*, vol. 78, n° 1, pp. 59-75 ; G.-M. Grossman et C. Shapiro, (1988b), « Foreign Counterfeiting of Status Goods », *Quarterly Journal of Economics*, vol. 103, n° 1, pp. 79-100 ; G. Corneo et O. Jeanne, (1996), « Conspicious Consumption, Snobbism and Conformism », *Journal of Public Economics*, vol. 66, n° 1, pp. 55-71 ; H.-S. Leibenstein, (1950), « Bandwagon, Snob

Nous insisterons ici plus particulièrement sur la contrefaçon des produits de luxe, car ils sont emblématiques de certaines propriétés étonnantes que l'analyse économique permet de mieux appréhender. Ces analyses théoriques présentent alors des enjeux en termes de politique publique à la fois au niveau de la justification de ces politiques comme de leurs coûts et bénéfices. Plus précisément, nous montrerons que les justifications aux politiques de lutte contre la contrefaçon dépendent de la manière dont on conçoit l'activité de la contrefaçon de produits de marques et, en creux, des raisons d'être des marques.

Dans un premier temps, nous rappelons l'analyse d'Akerlof qui, dans un article fondateur publié en 1970, pose les fondements de la raison d'être des marques et les effets négatifs de la contrefaçon. C'est alors avant tout la marque comme signal d'une information crédible qui est mise en avant. La contrefaçon pèse alors sur l'efficacité économique en brouillant ce signal et en manipulant l'information. Cette analyse d'Akerlof est cruciale mais est fondée sur une double relation : une relation marque/qualité (un bien de marque étant supposé d'une meilleure qualité) et une relation marque/information (la marque transmettant une information sur la qualité effective des biens). Or, on peut interroger sur ces deux relations. La deuxième partie est alors consacrée à l'étude de situation sans asymétrie d'information. Dans ce cadre, il est plus délicat de justifier la lutte contre la contrefaçon en termes de bien-être global. Nous revenons alors sur des situations où le rapport marque/qualité n'est pas présent. C'est alors la propriété d'ostentation de la consommation qui devient cruciale menant à s'interroger sur les raisons de lutter contre la contrefaçon.

---

and Veblen Effects in the Theory of Consumer's Demand », *Quarterly Journal of Economics*, vol. 64, n° 2, pp. 183-207.

I. Les marques comme signal de qualité, la contrefaçon comme manipulation de l'information

Si l'on veut saisir les coûts économiques de la contrefaçon, il faut dans un premier temps rappeler la raison d'être économique des marques. De ce point de vue, c'est la notion d'information qui sera cruciale. En effet, dans le modèle canonique de concurrence pure et parfaite, l'hypothèse d'homogénéité des biens d'une part et d'information parfaite d'autre part rend la question de la contrefaçon difficile à penser. Dans le cadre de ce modèle, les consommateurs disposant d'une information parfaite sur les biens ont, par hypothèse, une connaissance parfaite de la qualité des biens qu'ils achètent. La contrefaçon n'a pas d'impact clair puisque chaque consommateur connaît avec certitude la qualité des biens.

A. Disparition du marché et asymétrie d'information

Le modèle initial d'Akerlof constitue encore la référence incontournable pour qui s'intéresse aux rôles et fonctions des marques et aux conséquences de la contrefaçon[134]. Même si Akerlof ne traite pas uniquement de ce sujet, il indique en conclusion de son article tout ce que l'économie théorique peut tirer de son analyse, ce que n'ont pas manqué de faire de nombreux auteurs. Pour bien saisir cette importance, nous présenterons rapidement le modèle, ses hypothèses, son développement et ses conclusions.

Akerlof prétend analyser un marché simple, celui des voitures d'occasion. En fait, il fait bien plus, et il le sait, et son analyse peut facilement être généralisée à de nombreux marchés, y compris ceux où l'image de marque et la réputation sont cruciales. Sur ce marché des voitures d'occasion, on trouve, nous dit Akerlof, des voitures de qualité indicée q réparties de manière uniforme entre 0 et 1. Les voitures de qualité 0 étant des voitures de très faible qualité

---

134 Voir G. Akerlof (1970), *op. cit.*

dont la valeur est nulle. Les voitures de qualité 1 sont des voitures de très bonne qualité dont la valeur est élevée. Pour simplifier l'analyse, Akerlof suppose que le prix de réserve des vendeurs d'une voiture de qualité *q* est *q*[135] et que le prix de réserve des acheteurs, pour une même voiture de qualité *q*, est de *3/2q*. On comprend bien qu'alors, toutes les voitures du marché, quelle que soit leur qualité, devraient être échangées à des prix compris entre *q* et *3/2q*. Ce faisant, les gains à l'échange seraient maximums.

Mais si l'information est imparfaite alors, les choses changent dramatiquement. En effet, supposons maintenant avec Akerlof que les consommateurs ne connaissent pas la qualité d'une voiture particulière mais qu'ils connaissent uniquement la qualité moyenne. Dit autrement, ils disposent quasiment de toute l'information pertinente (et notamment de la distribution des qualités) mais ignorent la qualité réelle d'une voiture particulière. Dans ce cadre, en les supposant rationnels, ces consommateurs évalueront la qualité d'une voiture particulière en se fondant sur les informations imparfaites dont ils disposent : la meilleure évaluation qu'ils puissent faire de la qualité de la voiture qu'ils veulent acheter est la qualité moyenne, soit *q=1/2*. Pour cette qualité attendue, le prix maximum qu'ils seront prêts à débourser est alors de 3/2*1/2 soit ¾. Du côté de l'offre maintenant, à ce prix de ¾, les vendeurs ne proposeront que des voitures de qualité inférieure ou égale à ¾ en vertu de l'application ici de la règle du prix de réserve.

Là où les choses deviennent intéressantes, est que, comme nous avons supposé qu'acheteurs comme vendeurs sont rationnels, les acheteurs sont tout à fait conscients de la

135 Ceci signifie simplement qu'ils sont supposés être prêts à vendre une voiture de qualité *q* à tout prix supérieur à *q*. En revanche, ils n'accepteront jamais de descendre leur prix en dessous de *q*, *q* étant leur prix de réserve.

situation des vendeurs et ils anticipent donc qu'à un prix de ¾, seules des voitures de qualité inférieure ou égale à ¾ seront vendues. Cela les amène donc à réviser leur évaluation de la qualité moyenne. Celle-ci n'est plus de ½ (cette évaluation portait sur la qualité moyenne de l'ensemble des voitures entre 0 et 1) mais de (¾)/2=3/8 (la qualité moyenne des voitures *effectivement* mises sur le marché soit la qualité moyenne des voitures d'une qualité comprise entre 0 et ¾).

Se met alors en place un raisonnement itératif aux conséquences importantes. Comme la qualité moyenne anticipée est plus faible, le prix des acheteurs diminue, ce qui fait, pour les mêmes raisons qu'à l'étape 1 du raisonnement précédent, diminuer la qualité des voitures effectivement mises sur le marché. Or cette baisse de qualité est, comme précédemment, anticipée par les acheteurs qui diminuent leur prix, diminuant par-là la qualité des voitures vendues, *etc.* On le comprend, le mécanisme s'auto-entretient et l'équilibre obtenu est finalement que seules les voitures de qualité nulle sont vendues à des prix nuls. Bref, Akerlof démontre avec un jeu d'hypothèses très simples qu'en cas d'information asymétrique entre acheteurs et vendeurs, le marché disparaît purement et simplement : aucun des échanges mutuellement avantageux qui auraient dû voir le jour si l'information avait été parfaite n'existe.

B. Le rôle des labels et des marques

Pour Akerlof, ce premier résultat de la disparition du marché mène alors à une série de prédictions concernant le rôle des signes que peuvent acquérir les biens grâce aux marques ou aux labels. En effet, Akerlof démontre que le marché d'occasion ne devrait pas exister. Or, ce marché existe. C'est donc que les offreurs et les vendeurs disposent d'outils, de dispositifs ou encore d'institutions qui leur permettent de dépasser cette asymétrie d'information. On voit bien que le cœur de l'argument du modèle d'Akerlof porte sur la confiance que les consommateurs peuvent avoir sur ce que les vendeurs disent à propos de la qualité des biens qu'ils vendent : ils prétendent que les voitures sont d'une certaine qualité mais tout pousse les acheteurs à ne pas croire cet énoncé à s'en tenir à leur propre évaluation. Mais si jamais les consommateurs pouvaient, pour une raison quelconque, avoir confiance dans la qualité annoncée par le vendeur, alors l'ensemble du raisonnement précédent prédisant la disparition du marché ne tiendrait plus. Le consommateur s'appuierait sur cette information – qu'il juge crédible puisqu'il a confiance – et non sur une estimation moyenne pour connaître l'information qui lui manque.

Or, d'où peut provenir cette confiance ? Plusieurs pistes sont suggérées par Akerlof. Ainsi, la réputation d'un vendeur de ne pas chercher à mentir sur la qualité des biens qu'il vend peut suffire à assurer la confiance des consommateurs. On peut également imaginer qu'un organisme indépendant certifie la qualité des biens vendus, on est plus proche ici alors des labels ou encore de dispositifs juridiques et réglementaires mis en place par l'État afin de tester et de garantir un niveau de qualité pouvant ensuite être communiqué à l'acheteur. On peut y ajouter d'autres mécanismes juridiques comme des garanties ou encore une protection contre les vices cachés. Enfin, et c'est ce dernier argument qui nous retiendra ici, les marques sont une manière pour une entreprise de transmettre un signal à ses consommateurs. En défendant sa marque, une entreprise investit de manière crédible auprès des consommateurs pour créer ce lien de confiance et éviter les effets de l'asymétrie d'information. Cet argument peut prendre plusieurs formes : la constatation de l'investissement peut être un élément du signal ou l'investissement dans une certaine réputation fait que le signal envoyé par une marque à ses consommateurs est cru par ces derniers. Plus généralement, une entreprise pourrait même discriminer plus facilement ses produits en associant chaque niveau de qualité différent à une marque particulière. Cela lui permettra de vendre plus cher des biens de plus grande qualité sans risquer des effets de report de la consommation[136]. Dans ce cadre, tout dispositif de lutte contre la contrefaçon est absolument nécessaire au regard de l'efficacité des échanges, car il permet de crédibiliser le signal construit par l'entreprise et l'information transmise par la marque. En effet, imaginons qu'une marque soit contrefaite sans que le consommateur ne puisse s'en rendre compte, alors celui-ci ne pourrait plus inférer la qualité d'un bien du signal fourni par la marque et l'on retomberait dans des raisonnements probabilistes d'évaluation de la qualité menant progressivement à de nombreuses inefficacités économiques, voire à la disparition du marché.

Conclusion

La contribution d'Akerlof est marquante pour les économistes, car elle permet de caractériser le rôle que jouent les marques dans une économie de marché. Le cœur de l'argumentation est d'insister sur le fait qu'une marque est un signal, une manière de transmettre de manière crédible une information à des consommateurs qui, sinon, en seraient dépourvus. Ce faisant, le marché et l'intervention publique ne sont pas contradictoires, car le marché ne peut exister sans s'appuyer sur des dispositifs juridiques de protection des marques et, notamment, de lutte contre la contrefaçon. Encore faut-il être parfaitement clair sur les éléments de l'argumentation d'Akerlof appliqué aux marques : c'est par une double relation qu'Akerlof parvient à son résultat. La relation n° 1 est le lien entre marque et information (la marque transmet de manière crédible une information non

136 C'est ce type de stratégie mis en œuvre par certains grands crus classés du bordelais qui distingue entre leur premier vin et leur second vin. Les problèmes commencent en termes de tarification lorsque le second vin est aussi bon que le premier…

connue) ; la relation n° 2 est le lien entre marque et qualité (un bien de marque est un bien de meilleure qualité).

II. La contrefaçon au-delà de l'asymétrie d'information

Par contraposée, ce modèle fondateur génère alors une double interrogation qui fera l'objet de cette partie. Si la contrefaçon en asymétrie d'information donne des fondements clairs et simples à la lutte contre les produits contrefaisants, elle ne couvre pas tous les cas possibles et notamment, certains cas particuliers où les consommateurs ne se trouvent pas dans une telle situation d'information asymétrique. Plus généralement, il peut s'agir de situations où le lien entre marque et niveau de qualité fait défaut. Deux scenarii sont ici à distinguer. Le premier porte sur un cas simple où, pour des raisons qu'il faudra élucider, le produit contrefaisant ne manipule pas d'information. Dans ce cas, les conséquences de la contrefaçon sur le bien-être individuel et collectif sont beaucoup moins clairs que dans le cas précédent. Le second porte lui sur certains comportements de consommation de produits de marque où les consommateurs sont attachés à des marques non pas, car les produits de marque seraient de qualité supérieure mais pour d'autres raisons. Dans ces deux cas, la justification de la lutte contre la contrefaçon est plus malaisée que dans le scenario d'asymétrie d'information et mérite que l'on s'y arrête. Nous le ferons en restreignant notre analyse aux biens de luxe qui sont emblématiques des enjeux de ces deux questions.

A. La contrefaçon sans asymétrie d'information

Il est des cas où le consommateur sait pertinemment qu'il achète un produit contrefaisant. Cette information peut être acquise de multiples manières. Ainsi, par exemple, pour les produits de luxe, il est clair que la vente de tels produits se fait dans un environnement commercial particulier – *standing* des points de vente, professionnalisme des vendeurs, reconnaissance de certains magasins comme étant des points de vente de la marque, *etc.* – et est souvent associée d'ailleurs à des niveaux de prix élevés. Un consommateur qui a une expérience, même minime, de l'achat de tels biens est tout à fait conscient qu'acheter un bien de luxe d'une marque donnée sans que l'un ou plusieurs de ces éléments soient présents implique que le bien effectivement acheté n'est pas original.

Il est clair que si l'on achète une montre de luxe ou un objet de maroquinerie d'une marque de luxe à la sauvette dans un quartier touristique d'une grande ville d'Europe, en payant en liquide et à un prix faible, on sait très bien que la marchandise en question ne peut pas être un bien de marque[137]. De même, certaines zones, comme les zones transfrontalières, peuvent être connues pour être le lieu de multiples trafics, d'une économie informelle alimentée par des produits contrefaisants sans existence légale et sans traçabilité. Dans ce scenario, le consommateur n'est pas trompé et il est tout à fait au courant de la contrefaçon. Il ne se trompe pas sur la qualité de l'objet qu'il achète – tout comme il ne se trompe pas sur la qualité d'un bien authentiquement de marque lorsqu'il en voit ou en achète un – et par conséquent, on ne peut décrire cette situation à la manière du modèle d'Akerlof. Ainsi que l'écrivent Grossman et Shapiro, « *comme le consommateur acquiert un produit de luxe à moindre prix et par des canaux de distribution qui sont, de manière évidente, illégaux, il est peu probable qu'il soit trompé en achetant le bien* »[138].

Dans cette situation, les conséquences en termes de bien-être de la contrefaçon sont plus difficiles à caractériser. En effet, il n'est pas sûr que ces ventes de produits contrefaisants aient un impact sur les ventes des produits originaux, car les

---

137 Certes, on peut penser que le bien acheté est effectivement un bien de marque mais qu'il s'agit de recel et non de contrefaçon.
138 G.-M. Grossman et C. Shapiro, (1988b), *op. cit.*, p. 80.

consommateurs qui achètent ces produits contrefaisants n'auraient pas nécessairement été prêts à acheter des produits de marque. Certains économistes vont même jusqu'à considérer qu'il peut être bénéfique pour l'ensemble de la société que ces produits contrefaisants soient négociables dans la mesure[139] où ils augmentent le bien-être de certains consommateurs (ceux qui ont de faibles disponibilités à payer) sans affecter le bien-être des autres acteurs. Maître et Perrino rappellent également un autre argument tiré des analyses de Gary Becker sur les files d'attente[140]. Il est parfois surprenant de constater que certains offreurs comme des restaurants ou des boulangeries tolèrent de très nombreuses files d'attente. On pourrait à bon droit se demander pourquoi ces offreurs n'augmentent pas leurs prix alors qu'ils semblent être en mesure de le faire. Becker indique qu'il peut être rationnel de maintenir des prix plus faibles et de créer une file d'attente afin de s'assurer une réputation. La file d'attente joue alors le rôle d'un signal de réputation auprès de l'ensemble des acteurs économiques qui, constatant la file d'attente, en déduise une information sur la qualité des biens vendus. De même, par analogie, on peut imaginer que l'ampleur de la contrefaçon d'une marque joue un rôle similaire. C'est parfois ce type de raisonnement qui est proposé pour rendre compte de certains faits stylisés et notamment que les ventes de produits contrefaits évoluent dans le même sens que les produits contrefaisants. La firme possédant la marque en question peut trouver alors un certain intérêt à un niveau raisonnable de produits contrefaisants.

139 Il faut ici être précis et ne pas confondre les arguments. Nous ne nous appuyons pas sur l'idée que les produits contrefaisants ne payent pas de droits de douanes par exemple.

140 Ph. Maître et M. Perrino, (2007), *op. cit.*

B. Consommation ostentatoire et contrefaçon

Il est un troisième scenario qui mérite que l'on s'y arrête, et qui concerne particulièrement les biens de luxe, celui où le rapport marque/qualité n'est pas complètement nécessaire. Dans ce cadre, la consommation de biens présente des propriétés singulières pour l'économiste, car la demande peut être fonction positive des prix. Alors que pour des biens normaux, la demande décroît lorsque le prix augmente ; les biens de luxe peuvent, de leur côté présenter une courbe de demande atypique croissante avec le niveau de prix. Cet effet ostentatoire de la consommation prend le nom en économie d'effet Veblen[141] (l'utilité du bien dépend positivement de son prix) ou d'effet de snobisme (l'utilité d'un bien dépend négativement du nombre de personnes qui peuvent le consommer).

Le consommateur est alors considéré comme ayant des préférences particulières. Alors que l'agent rationnel traditionnel de la théorie économique calcule de manière optimale ce qu'il consomme en comparant l'utilité directe fournie par les biens et les prix auxquels il peut se procurer ces biens, le consommateur des biens de luxe cherche une autre chose bien connue des sociologues, un effet de distinction et d'ostentation[142]. Ainsi, l'utilité d'un bien est d'autant plus grande que ce bien est exclusif – c'est-à-dire qu'il est consommé par peu de monde. Autrement dit, le prix élevé

---

141 Du nom de l'économiste qui au début du XXe s. l'a mis en évidence, *« Pour s'attirer et conserver l'estime des Hommes, il ne suffit pas de posséder simplement richesse ou pouvoir : il faut encore les mettre en évidence, car c'est à l'évidence seule que va l'estime. En mettant sa richesse bien en vue, non seulement on fait sentir son importance aux autres, non seulement on aiguise et tient en éveil le sentiment qu'ils ont de cette importance, mais encore, chose à peine moins utile, on affermit et préserve toutes raisons d'être satisfait de soi. »* (T. Veblen, 1899, *Théorie de la classe de loisir*).

142 R.H. Frank, (1999), *Luxury fever, Why money fails to satisfy in an era of excess*, New York, Free Press.

que maintient la marque pour ces biens n'est plus alors en rapport avec le coût de production ou l'utilité directe fournie mais est un moyen de maintenir fermé le club des consommateurs potentiels. Pour le dire trivialement, la consommation d'un sac ou d'une montre de marque dépend de deux choses : que le bien soit d'une certaine qualité et que peu de consommateurs soient en mesure de l'acheter.

Ce dernier cas est particulièrement intéressant, car il amène à s'interroger sur les fondements et les modalités de la lutte contre la contrefaçon. Il faut pour cela bien préciser les éléments analytiques de cette représentation de la consommation de luxe, que ce soit du côté des acheteurs ou des offreurs. En effet, pour réintégrer dans la représentation économique du consommateur la consommation ostentatoire, l'économiste doit modifier quelque peu sa représentation des préférences en ajoutant une composante « *sociale* » aux préférences des consommateurs.

Dans la fonction d'utilité qui représente les préférences individuelles – les goûts –, on peut ajouter une composante qui représente cet élément de distinction. L'agent ainsi représenté reste tout à fait rationnel et ses comportements de consommation sont analysés comme tels mais en complexifiant ce qui lui « *rapporte* » de l'utilité : consommer un bien ayant une certaine qualité (une montre qui donne l'heure) et une composante sociale (une montre que personne ne possède, effet de snobisme ou de distinction). Le consommateur rationnel cherche alors, comme dans le cas classique, à maximiser son utilité sauf que dans ce cas, son utilité sera une fonction croissante de l'exclusivité du bien et décroissante de la non-exclusivité. La fonction d'utilité dépend donc des autres consommateurs et de leur capacité, ou non, à se procurer le bien en question[143].

---

143 On parle dans ce cas d'externalités de consommation puisque le fait, pour un consommateur de consommer le bien, a un effet sur l'utilité

À l'équilibre, les prix des biens ostentatoires seront élevés et généreront une rente pour le producteur qui pourra vendre de faibles quantités à des prix élevés exactement comme un monopole. Dans ce cadre, la lutte contre la contrefaçon participe au fonctionnement du marché d'une manière particulière. Elle est complémentaire des efforts des marques de créer une forte exclusivité en empêchant des consommateurs dont les disponibilités à payer sont moins élevées d'entrer dans le club restreint des consommateurs. Mais si l'on a une explication supplémentaire de la raison d'être de la lutte contre la contrefaçon d'un point de vue positif, on peut tout de même s'interroger sur ses fondements normatifs et politiques. Car si les préférences ont effectivement cette forme impliquant une composante de préférences sociale en plus de l'utilité directe fournie par le bien, on peut s'interroger sur la justification qu'il y a, pour le droit et pour l'État, à *de facto* défendre des préférences qui peuvent apparaître comme non légitimes.

Ce problème est délicat, car deux visions s'affrontent. La vision traditionnelle prend comme fondement de ses analyses en termes de bien-être social les préférences individuelles, quelles qu'elles soient. Dans ce cadre, une politique maximisera le bien-être social si elle maximise le bien-être des consommateurs et des producteurs pris globalement et sans juger à aucun moment du caractère légitime ou non des préférences ainsi prises en compte. A l'inverse, on peut suivre Sunstein qui, dans plusieurs articles, se demande si le droit n'est pas autorisé à choisir parmi les préférences individuelles, celles qui doivent être prises en considération dans le calcul utilitariste de bien-être social[144]. Même si Sunstein n'a pas en

---

des autres consommateurs. Les économistes retrouvent ici, avec une modélisation différente et des concepts particuliers, des éléments connus en sociologie ou en marketing stratégique.

144 Sunstein parle alors « *d'interférence légale* » (*legal interference*) dans le processus de formation des préférences ou dans le processus politique

tête des cas de consommation ostentatoire mais davantage des préférences antisociales telles que le racisme ou le goût pour la discrimination, on peut appliquer sa réflexion à notre objet. On pourrait arguer, en effet, qu'autant il est légitime pour un consommateur d'avoir un goût et une préférence pour des biens de luxe pour des raisons d'utilité immédiate et que cette préférence peut être défendue par le droit, autant si les raisons de consommation de l'individu tiennent à un goût pour la distinction et au snobisme, il est moins immédiat que cette préférence doive être encouragée ou défendue. Comme l'écrit Sunstein, « *In other settings, the understanding that politics should not merely implement private preferences conforms with common intuitions. Laws may, for example, reflect the public's "preference about preferences." The phenomenon of conscious selection of preferences is hardly uncommon; its manifestation in law suggests that people in their capacity as citizens may seek laws that differ from their choices in their capacity as consumers* »[145]. Ainsi, il ne paraît pas illégitime de discuter de ces préférences d'un point de vue politique et normatif et de juger si la collectivité des citoyens souhaite que ce type de préférences soient prises en compte dans le droit et les réglementations[146].

Or, adopter comme principe une règle générale de lutte contre la contrefaçon laisse justement cette question de côté[147]. Ce faisant, elle renforce également les rentes des producteurs sur leurs produits de marque. On trouvera à bon

---

de reconnaissance des préférences légitimes et des préférences non légitimes.

145 C. Sunstein, (1986), « Legal Interference with Private Preferences », *University of Chicago Law Review*, vol. 53, n°4, p. 1129-1174, spec. p. 1135 ; voir également C. Sunstein, (1988), « Beyond the Republican Revival », *Yale Law Journal*, vol. 97, p. 1539-1590.

146 Nous nous en tenons ici uniquement à l'analyse abstraite du problème sans prendre position sur la capacité que les citoyens ou le législateur ont à accéder et à identifier ces préférences.

147 Étant entendu que nous nous situons par hypothèse dans un cas où il n'existe pas d'asymétrie d'information.

droit notre propos quelque peu provocateur dans un monde où la défense de la propriété privée et du droit des marques constitue un élément important du cadre juridique des comportements de marché. Pourtant, il nous semble que la question mérite d'être posée. D'ailleurs, sans même y répondre de manière tranchée, elle conduit à des interrogations secondaires sur les effets redistributifs de la lutte contre la contrefaçon et sur son financement. Ces politiques sont en effet coûteuses pour l'État par le biais de ressources publiques allouées à cette activité (forces de police, douanes, coûts des procès…). Les ressources publiques allouées à cette activité auraient pu être allouées à d'autres activités (maintien de l'ordre, lutte contre la délinquance, *etc.*). Ce faisant, on peut envisager cette politique comme générant des perdants et des gagnants. Les perdants sont d'abord l'ensemble de la collectivité qui doit contribuer au financement de la lutte contre la contrefaçon par le biais du budget de l'État qui pèse sur l'ensemble des citoyens (en proportion certes de leur contribution à ce même budget de l'État via l'impôt). Les perdants de cette politique sont ensuite les consommateurs à faible disponibilité à payer auxquels on interdit de pouvoir consommer des marchandises contrefaisantes alors même qu'ils auraient été d'accord pour acheter ces biens contrefaisants sans être trompés par une quelconque manipulation de l'information. Certains auteurs parlent ici d'une défaillance du marché des biens de luxe qui, afin de maintenir un club restreint de consommateurs, est contraint de rationner l'offre alors même qu'il existe une demande solvable pour les biens contrefaisants[148]. En effet, la recherche d'exclusivité et la lutte

---

[148] On trouvera dans certains modèles l'idée que la contrefaçon permet de lutter contre cette défaillance du marché du luxe et ainsi qu'elle a un rôle de maximisation du bien-être social. C'est le point de vue que rappellent Maitre et Perrino (2007), *op. cit.*, p. 80 : « C'est essentiellement pour ces raisons que Higgins et Rubin (1986) suggèrent que la présence de biens contrefaisants permet d'améliorer l'efficience

contre la contrefaçon conduisent à ce que certains échanges mutuellement avantageux n'aient pas lieu. Les gagnants, à l'inverse, sont les consommateurs cherchant l'exclusivité et qui voient leur utilité augmenter à mesure que les services de l'État sont efficaces à empêcher la contrefaçon et les propriétaires des marques qui voient leurs rentes confortées pour cette même raison.

Il est alors possible de justifier en cette matière que la lutte contre la contrefaçon soit financée par ceux qui en tirent profit à savoir les consommateurs ayant des préférences d'exclusivité d'une part et les entreprises propriétaires de marques d'autre part. On pourrait ainsi imaginer qu'il soit raisonnable et légitime que ce soient les gagnants de cette politique et de cette réglementation qui doivent financer l'ensemble des coûts de lutte contre la contrefaçon. Cela pourrait être fait, par exemple, par une taxe additionnelle sur les biens de luxe.

Conclusion

L'objet de cet article était de passer en revue quelques arguments classiques en économie de justification de la lutte contre la contrefaçon. Une fois l'argument crucial, dû à Akerlof, de l'asymétrie d'information présenté, on comprend que cette lutte est importante et légitime lorsqu'elle permet de crédibiliser le signal d'une marque sur la qualité des biens. Cette lutte est alors un élément d'un ensemble plus vaste de mesures, de stratégies et de réglementation visant à assurer un fonctionnement correct du marché en éliminant les effets dévastateurs de l'asymétrie d'information sur les échanges. La marque est alors un signal qu'il est important de protéger.

---

statique du marché parce que la contrefaçon satisfait les besoins des consommateurs qui n'ont pas accès aux biens « prestigieux » sur le marché « *légal* » et qui, parallèlement, ont un consentement à payer pour obtenir un bien qui possède une qualité ostentatoire. »

Cependant, ce cas ne couvre pas tous les scenarios possibles. D'une part, il est des situations de contrefaçon « *sans déception* » où le consommateur n'est pas trompé dans la mesure où il sait parfaitement qu'il achète un produit contrefaisant. D'autre part, si l'on pense que la consommation de certains biens de marque n'est pas uniquement liée à une meilleure qualité mais provient d'autres origines comme la recherche de distinction ou le snobisme, les justifications économiques et légales en faveur d'une politique active contre la contrefaçon sont plus délicates à manipuler. Il semble rationnel et légitime de s'intéresser alors aux effets de ces politiques sur la redistribution et, pourquoi pas, d'imaginer d'autres dispositifs de financement qui seraient plus acceptables et mieux fondés d'un point de vue normatif.

Les règles européennes de compétence judiciaire applicables à la contrefaçon transfrontalière[149]

Jean-Luc PIOTRAUT
Directeur adjoint de l'Institut François Gény

La propriété intellectuelle est traditionnellement gouvernée par un principe de territorialité : sur la base de sa souveraineté dans l'ordre international, chaque État dispose normalement, sous réserve de ses éventuels engagements internationaux, « *d'une compétence exclusive pour déterminer, dans son ordre interne, le régime (des) droits de propriété intellectuelle* »[150]. Si bien que l'existence et le régime juridique desdits droits relèvent, pour l'essentiel, d'un ordre juridique national, voire – en particulier sur le continent européen – régional.

Il en résulte, dans une vision classique de la propriété intellectuelle, une certaine difficulté à parler de « *contrefaçon transfrontalière* » ; la qualification de contrefaçon *lato sensu* est en effet subordonnée à une violation d'un droit de propriété intellectuelle sur un territoire pour lequel ce droit est protégé,

---

149 V. not. sur la question, E. GUINCHARD (sous la dir. de), *Le nouveau règlement Bruxelles I bis*, Coll. Droit de l'UE, Monographies, Bruylant (Bruxelles), 2014 ; R. JAFFERALI, *Le règlement Bruxelles I dans la jurisprudence des cours suprêmes (2010-2012) – Allemagne, Belgique, France, Pays-Bas et Royaume-Uni*, Rev. dr. commercial belge, mai 2013, pp. 357-393 ; A. JESPERS & B. VANBRABANT, *Aperçu des règles de compétence internationale en matière de propriété intellectuelle*, *in* B. VANBRABANT (sous la dir. de), *Droits intellectuels : le contentieux (compétence, procédures, sanctions)*, Commission – Université Palais, vol. 132, Université de Liège, Anthemis, 2012 ; E. TREPPOZ, *Les litiges internationaux de la propriété intellectuelle et le droit international privé*, *in* J. DE WERRA, *La Résolution des litiges de propriété intellectuelle*, Bâle, Schulthess, 2010 ainsi que A. KUR & Th. DREIER, *European Intellectual Property Law. Text, Cases & Materials*, Edward Elgar, Cheltenham (Royaume-Uni), 2013, pp. 484 -515.

150 J.-L. PIOTRAUT, *La propriété intellectuelle en droit international et comparé (France, Allemagne, Royaume-Uni, États-Unis)*, Tec & Doc – Lavoisier, 2007, p. 1.

violation en principe constatée et sanctionnée par seules les autorités judiciaires du pays sur le territoire duquel les faits de contrefaçon ont été commis.

L'intensification des échanges commerciaux, spécialement en Europe, a cependant conduit à une exploitation transfrontalière accrue des objets protégés par des droits de propriété intellectuelle[151]. Devait mécaniquement s'ensuivre un accroissement du nombre de litiges transfrontaliers à raison d'atteintes à ces droits susceptibles, le cas échéant, d'être causées sur un territoire autre que celui sur lequel ceux-ci s'appliquent. D'où un problème de détermination des juridictions compétentes pour connaître de ces procédures de contrefaçon transfrontalière, question renvoyant à celle de la compétence internationale des juridictions en la matière.

Il est vrai que des cas de contrefaçon transfrontalière peuvent encore tenir à la domiciliation à l'étranger du défendeur[152], à la localisation à l'étranger des preuves de la contrefaçon[153] ou encore aux possibilités d'exécution à l'étranger de la condamnation à intervenir.

Sur le Vieux Continent, la question de la compétence judiciaire doit en outre, de plus en plus, être envisagée dans le cadre de la création des titres *européens* de propriété

---

151 Notamment, s'agissant de droits de propriété industrielle, par le biais de titres « parallèles ».

152 C'est ainsi que, le 4 août 1896, la Cour d'appel de Paris a pu condamner un défendeur français pour des actes de contrefaçon d'une marque anglaise commis sur le territoire britannique (v. Clunet 1899, p. 148).

153 Dans le cadre de prétendues contrefaçons de dessins et modèles commises en France et en Italie, le Président du tribunal de commerce de Paris a, pour sa part, le 19 juin 1995, autorisé une saisie réelle sur le territoire italien au travers d'une commission rogatoire donnée à une juridiction transalpine pour commettre un huissier aux fins de pratiquer la saisie ordonnée (inédit, cité *in* AIPPI, Rapport Q174, *Juridiction et loi applicable en cas de contrefaçon transfrontalière (actes de contrefaçon) des droits de propriété intellectuelle*, 2003).

industrielle[154] que sont la marque de l'UE[155], la protection communautaire des obtentions végétales[156], le dessin ou modèle de l'UE[157] et le (futur) brevet européen à effet unitaire (ou plus simplement brevet « *unitaire* »)[158].

Si l'Union européenne a compétence pour la création de titres de propriété industrielle, elle n'est elle-même investie d'aucun pouvoir juridictionnel à l'égard des titres nationaux délivrés[159]. D'où le recours, le 19 fév. 2013, à un traité international, en l'occurrence l'accord relatif à une juridiction unifiée du brevet (JUB)[160], offert à la signature des États membres de l'UE, pour la création de la juridiction compétente pour connaître des litiges concernant les brevets « *unitaires* ».

---

154 L'art. 118, al. 1er du Traité sur le fonctionnement de l'Union européenne (TFUE) confère à ladite UE compétence en matière de « *création de titres européens pour assurer une protection uniforme des droits de propriété intellectuelle dans l'Union* ».

155 V. Règl. (CE) n° 40/94 du 30 déc. 1993 sur la marque communautaire (codifié depuis lors par le Règl. (CE) n° 207/2009 du 26 fév. 2009 et not. modifié par le Règl. (UE) 2015/2424 du 16 déc. 2015).

156 V. Règl. (CE) n° 2100/94 du 27 juill. 1994 instituant un régime de protection communautaire des obtentions végétales.

157 V. Règl. (CE) n° 6/2002 du 12 déc. 2001 sur les dessins ou modèles communautaires.

158 À la différence des précédents titres, délivrés par un office relevant de l'UE, il s'agit ici d'un brevet délivré par l'Office européen des brevets (OEB) qui, après sa délivrance, couvrira, de façon unitaire, le territoire des seuls États membres participants. V. Règl. (UE) n° 1257/2012 du 17 déc. 2012 mettant en œuvre la coopération renforcée dans le domaine de la création d'une protection unitaire conférée par un brevet. Ce règlement a, à ce jour, été adopté par 26 États membres de l'UE, y inclus le Royaume-Uni (la Croatie et l'Espagne n'y ayant, pour leur part, pas souscrit).

159 Y inclus à l'égard des brevets délivrés par l'OEB.

160 Doc. 2013/C 175/01. N'ayant pas signé cet accord, la Pologne – qui participe pourtant à la coopération renforcée – ne pourra, en l'état actuel des choses, voir son territoire couvert par un brevet « unitaire ».

Commune à plusieurs États – et non juridiction *de* l'UE –, la juridiction supranationale ainsi créée aura, compétence pour statuer sur les litiges afférents, dans un premier temps, aux brevets « *unitaires* »[161] et, après une période transitoire, à *tout* brevet délivré par l'Office européen des brevets (OEB). Outre une Cour d'appel basée à Luxembourg, la JUB sera constituée d'un tribunal de 1ère instance ayant son siège à Paris mais structurellement composé d'une division centrale ainsi que de 10 à 15 divisions locales et régionales :

- la division centrale, dotée de trois sections (à Paris, Munich et, sous réserve des négociations en cours dans le cadre du *Brexit*, Londres) spécialisées par domaine technique[162] ;
- les divisions locales, susceptibles d'être mises en place dans tout État membre qui le souhaite ;
- les divisions régionales, susceptibles d'être créées conjointement par au moins deux États membres.

S'agissant de la compétence judiciaire en matière de contrefaçon *transfrontalière*, une distinction s'impose entre les deux branches de la propriété intellectuelle que sont la propriété industrielle, d'une part, et la propriété littéraire et artistique, d'autre part :

- apparaît d'emblée légitime le débat sur l'admission de la compétence internationale des juridictions en matière de contrefaçon transfrontalière des droits de propriété *industrielle* eu égard à leur délivrance, de principe, par une autorité administrative[163], ce qui ne manque pas d'interroger sur le risque d'immixtion d'une juridiction étrangère dans une matière à même d'intéresser l'ordre public ;
- la question se pose différemment en matière de propriété *littéraire et artistique* dès lors que, ne subordonnant pas l'octroi

---

161 Sauf *opt out*.

162 L'électricité échoit ainsi à Paris, la mécanique à Munich et la chimie à Londres.

163 En l'occurrence un office de brevets et/ou de marques.

de l'exclusivité à l'intervention d'une autorité publique[164], les principaux – et déjà anciens – traités internationaux en la matière[165] ne limitent pas la protection instituée[166] au territoire du pays d'origine mais l'étendent en principe à celui de *tous* les pays contractants. Cette « *universalité* » de la propriété littéraire et artistique rend moins problématique l'admission de la qualification de contrefaçon transfrontalière.

Pour autant, il se trouve que, dans un grand nombre de pays d'Europe, la jurisprudence a[167] fini par admettre les actions en contrefaçon « *à effet extraterritorial* », et ce pour l'ensemble des branches de la propriété intellectuelle[168]. Si bien que les tribunaux nationaux des États concernés[169] se déclarent désormais compétents pour connaître de contentieux portant sur des actes de contrefaçon commis hors de leurs frontières nationales. Ainsi, s'ils sont saisis d'actes contrefaisant un brevet ou une marque déposés dans différents pays[170], ces tribunaux n'hésitent plus à prononcer des injonctions à effet extraterritorial[171].

---

164 L'obtention des droits de propriété littéraire et artistique ne requérant plus généralement l'accomplissement d'aucune formalité.

165 Not. la Convention d'Union de Berne (CUB) du 9 sept. 1886 sur la protection des œuvres littéraires et artistiques et la Convention de Rome du 29 oct. 1961 sur la protection des artistes-interprètes ou exécutants, des producteurs de phonogrammes et des organismes de radiodiffusion.

166 À savoir la protection des œuvres (CUB, art. 5, §1er), de leur interprétation (Conv. Rome, art. 4), de leur fixation phonographique (Conv. Rome, art. 5) ou de leur diffusion radiophonique (Conv. Rome, art. 6).

167 Parfois après moult hésitations.

168 V. P. VERON, *Trente ans d'application de la Convention de Bruxelles à l'action en contrefaçon de brevet d'invention*, Clunet 2001, p. 805.

169 Not. les Pays-Bas, l'Allemagne et la Suisse.

170 On parle de titres « parallèles » (v. *supra*).

171 Par contraste, les juges américains se déclarent incompétents pour connaître d'actions en contrefaçon de brevets étrangers : v. par ex. *U.S. Court of Appeals for the Federal Circuit*, Voda *c.* Cordis, 1er fév. 2007.

Par son arrêt *Turner*[172], la Cour de justice en a rendu la pratique encore plus aisée dans l'ordre juridique de l'UE : sur la base du principe, prescrit par la Convention de Bruxelles[173], de « *confiance mutuelle* »[174] entre les juridictions, elle a en effet refusé qu'un juge national puisse interdire à un plaideur d'agir en justice devant une juridiction d'un *autre* pays d'Europe, quand bien même ce plaideur agirait « *de mauvaise foi dans le but d'entraver la procédure déjà pendante* ».

Si, sur la base des règles européennes en vigueur, la contrefaçon transfrontalière donne incontestablement lieu à l'application – de principe – du droit commun de la compétence judiciaire (I), elle n'échappe cependant pas, dans certaines situations, à un assujettissement à des régimes dérogatoires de compétence judiciaire (II).

I. – L'application à la contrefaçon transfrontalière du droit commun de la compétence judiciaire

Déjà ancienne, la réglementation européenne concernant la compétence judiciaire et l'exécution des décisions en matières civile et commerciale relève du système dit « *Bruxelles/ Lugano* ».

À l'origine, faute de compétences législatives de la Communauté européenne en la matière, ces questions ont fait l'objet d'un traité international passé entre les États membres : la Convention de Bruxelles[175] du 27 sept. 1968. Cet accord a été prolongé par la Convention de Lugano[176] du 16 sept. 1988,

---

172 CJCE, 27 avril 2004, Turner *c.* Grovit, aff. C-159/02 (l'affaire concernait le droit du travail et non la propriété intellectuelle).

173 Convention du 27 sept. 1968 concernant la compétence judiciaire et l'exécution des décisions en matières civile et commerciale.

174 V. Point 28 de l'arrêt.

175 72/454/CEE. La Cour européenne de justice a toutefois été chargée d'interpréter le texte de la Convention.

176 88/592/CEE.

qui en étend le champ d'application territorial à d'autres États du continent européen[177].

Avec l'attribution, à partir de années 90, de nouvelles compétences à la Communauté européenne, ce dispositif, constitutif d'une nouvelle branche du droit européen, a été inscrit dans le règlement (CE) n° 44/2001 du 22 déc. 2000, dit règlement « *Bruxelles 1* »[178], modifications ayant conduit à l'adoption, le 30 oct. 2007, d'une deuxième mouture de la Convention de Lugano (dite « *Lugano II* ») [179]. Une refonte du règlement, notamment en matière de reconnaissance et d'exécution des décisions judiciaires[180], a débouché sur l'adoption, le 12 déc. 2012, du règlement (UE) n° 1215/2012, dit « Bruxelles 1 *bis* », puis, en vue de l'intégration de la JUB[181], sur celle du règlement (UE) n° 542/2014 du 15 mai 2014 (dans la mesure où le texte antérieur n'envisageait pas la notion de « *juridiction commune à plusieurs États membres* »[182] et ne contenait aucune règle de compétence internationale applicable à « *un défendeur qui n'est pas domicilié* » dans l'UE[183]).

L'application à la propriété intellectuelle du système « *Bruxelles/Lugano* » appelle trois observations préliminaires[184] :

---

177 À savoir l'Islande, la Norvège et la Suisse.

178 Le règlement s'applique au Danemark depuis juillet 2007 en vertu d'un accord spécifique conclu entre ce pays et la Communauté européenne en date du 19 oct. 2005 (doc. 22005A1116[01]).

179 Dont le Danemark est signataire. Le « Protocole n° 2 sur l'interprétation uniforme de la convention et sur le comité permanent » attribue en outre à la Cour de justice le pouvoir d'interprétation du texte de la Convention.

180 Source en particulier de suppression de l'exigence d'*exequatur* dans un certain nombre de situations.

181 Ainsi que la Cour de justice Benelux.

182 V. nouvel art. 71 *bis*.

183 V. nouvel art. 71 *ter*.

184 Ne présente toutefois pas de spécificité à l'égard du contentieux de la contrefaçon transfrontalière la compétence de principe, posée par la réglementation « *Bruxelles/Lugano* », de toute juridiction nationale

- sous réserve d'exceptions particulières[185], les règlements instituant des titres « *européens* » de propriété industrielle renvoient expressément à la compétence des juridictions nationales désignées par le système « *Bruxelles/Lugano* » pour connaître des litiges y relatifs[186] ;

- en mat. de marques et de dessins ou modèles « de l'UE », les règlements s'intéressent même à la compétence juridictionnelle *interne* dès lors que les États membres doivent, sur leur territoire, réserver les litiges y afférents à « un nombre *aussi limité que possible*[187] de juridictions nationales de première et deuxième instance[188] » ;

- la compétence internationale de la JUB[189] en matière de contrefaçon, menaces de contrefaçon et constatation de non-contrefaçon est expressément fondée[190] sur la réglementation « *Bruxelles/Lugano* ».

---

devant laquelle « *le défendeur comparaît* » (compétence au demeurant écartée « *si la comparution a pour objet de contester la compétence ou s'il existe une autre juridiction exclusivement compétente* »).

185 V. *infra*.

186 V. art. 94, §1er du règl. (CE) n° 207/2009 (marque) et art. 79, §1er du règl. (CE) n° 6/2002 (dessin ou modèle), lesquels soumettent également au système « *Bruxelles/Lugano* », respectivement les « *actions simultanées ou successives menées sur la base de marques de l'UE et de marques nationales* » (art. 94, §1er) et les « *actions intentées sur la base de dessins ou modèles communautaires et de dessins ou modèles nationaux bénéficiant d'un cumul de protection* » (art. 79, §1er). Pour ce qui est des certificats d'obtention végétale, v. art. 101, §1er du règl. (CE) n° 2100/94 renvoyant, pour ce qui le concerne, à la seule Convention de Lugano.

187 C'est nous qui soulignons.

188 Juridictions respectivement dénommées « *tribunaux des marques de l'UE* » (art. 95 du règl. (CE) n° 207/2009) et « tribunaux des dessins ou modèles de l'UE » (art. 80 du règl. (CE) n° 6/2002). Sur cette base, tandis que l'Allemagne a attribué compétence en 1ère instance à une vingtaine de juridictions en matière de marques et à un nombre équivalent en matière de dessins ou modèles, la France n'a retenu que le seul TGI de Paris.

189 Préc.

190 V. art. 31 de l'accord JUB du 19 fév. 2013.

L'application à la contrefaçon transfrontalière du droit commun de la compétence judiciaire ressort tout à la fois de la liberté conférée aux parties en la matière (A), de l'application de la compétence de principe du *for* du défendeur (B) et de l'application du régime des incidents de compétence (C).

A. – La liberté conférée aux parties en matière de compétence juridictionnelle

L'accord de 2013 instituant la JUB offre à tout titulaire d'un brevet « *unitaire* », pendant une période transitoire de 7 ans[191], la liberté « *spécifique* » de porter ses éventuelles actions en contrefaçon soit devant la nouvelle juridiction, soit devant les juridictions nationales.

De manière plus générale, la liberté conférée aux parties à une action en contrefaçon transfrontalière est en particulier susceptible de déboucher sur une prorogation conventionnelle de compétence judiciaire (1) ou sur le recours à l'arbitrage (2).

1. La prorogation conventionnelle de compétence judiciaire

Si la réglementation « *Bruxelles/Lugano* » admet en principe la prorogation conventionnelle de compétence territoriale[192], celle-ci ne révèle aucune particularité en ce qui concerne la propriété intellectuelle. Des régimes spécifiques figurent toutefois dans la Convention de La Haye sur les accords d'élection de *for* et la réglementation des titres « *européens* » de propriété industrielle.

191 Période renouvelable une fois.

192 V. par ex. art. 25, §1er du règlement « Bruxelles 1 *bis* ».

a) Le régime institué par la Convention de La Haye sur les accords d'élection de for

La Convention de La Haye du 30 juin 2005 sur les accords d'élection de *for*[193] fait un sort particulier aux clauses attributives de juridiction dans les litiges en matière de propriété intellectuelle, l'admission de celles-ci se limitant aux litiges relatifs aux droits de propriété *littéraire et artistique*[194], qu'ils concernent la validité[195] ou la contrefaçon[196] de droits, voire la violation de contrats y afférents[197].

Pour ce qui concerne les autres droits de propriété intellectuelle, notamment les titres de propriété industrielle, leur exclusion expresse du champ de la Convention de La Haye ne devrait pourtant pas interdire la prorogation conventionnelle de compétence judiciaire à leur égard sur la base de la réglementation « *Bruxelles/Lugano* », voire du droit national éventuellement applicable.

b) Le régime applicable aux titres « européens » de propriété industrielle

La prorogation conventionnelle de compétence territoriale est largement admise dans les litiges en matière de protection communautaire des obtentions végétales[198].

La liberté est plus limitée à l'égard des autres titres de propriété industrielle :

---

193 Cette Convention, adoptée dans le cadre de la *Conférence de La Haye de droit international privé* – organisation internationale pour la coopération transfrontalière en matière civile et commerciale – vise à assurer l'efficacité des accords d'élection de *for* conclus entre les parties à des opérations commerciales internationales. Sa ratification par l'UE, le 10 oct. 2014, conduit à l'application de la Convention dans tous les États membres (à l'exception du Danemark) depuis le 1er janv. 2015.

194 Droits d'auteur et droits voisins.

195 Art. 2, §2, n).

196 Art. 2, §2, o).

197 Art. 2, §2, o).

198 Art. 102, §2 du règl. (CE) n° 2100/94 (renvoyant à la Convention de Lugano).

- pour les marques « européennes » et les dessins ou modèles « européens », les parties à un litige n'ont le choix qu'entre les différentes juridictions nationales de 1ère instance qualifiées par les États membres respectivement comme « *tribunal des marques de l'UE* »[199] et « *tribunal des dessins ou modèles de l'UE* »[200] ;
- pour les (futurs) brevets « *unitaires* », la prorogation de compétence territoriale n'est admise qu'entre les différentes « *divisions* » de la JUB, y inclus la division centrale[201].

2. Le recours à l'arbitrage

La prorogation conventionnelle de compétence judiciaire est, sous réserve de sa licéité, susceptible de passer par le recours à l'arbitrage. Or, à la différence notamment des droits suisse et américain qui autorisent depuis longtemps l'arbitrabilité du contentieux de la contrefaçon et de la validité des droits de propriété intellectuelle[202], la réglementation de l'UE ne

[199] Art. 97, §4, a) du règl. (CE) n° 207/2009 (renvoyant au règlement « Bruxelles 1 »).

[200] Art. 82, §4, a) du règl. (CE) n° 6/2002 (renvoyant à la Convention de Bruxelles de 1968).

[201] Art. 33, §7 de l'accord JUB. La compétence exclusive de la JUB pour les actions en contrefaçon interdit en outre, sous réserve de la survie temporaire de la compétence des juridictions nationales pendant la période transitoire (v. *supra*), toute prorogation de compétence matérielle.

[202] Pour la Suisse, v. R. BRINER, *The Arbitrability of Intellectual Property Disputes with particular emphasis on the situation in Switzerland*, American Review of International Arbitration, Vol. 5, 1994, p. 38 et s. ; F. DESSEMONTET, *Arbitrage, propriété intellectuelle et droit de la concurrence – Perspective suisse*, in *Objective Arbitrability, Antitrust Disputes, Intellectual Property Disputes*, Conférence de l'Association suisse d'arbitrage, n° spécial ASA, Bâle 1994, p. 55 et s. (précisant que les sentences y sont en outre dotées d'un effet *erga omnes*). Pour les États-Unis, v., en matière de brevets, 35 U.S.C. § 294(a) (2000). N'ayant toutefois « ni force, ni effet sur les tiers » (35 U.S.C. § 294(c)), les sentences arbitrales ne peuvent y recevoir qu'une application *inter partes*.

s'intéresse pas à la question, renvoyant son traitement aux seuls droits nationaux[203].

À cet égard, la loi française se prononce expressément en faveur de l'arbitrabilité des litiges de propriété intellectuelle[204], arbitrabilité que la jurisprudence a en particulier appliqué au contentieux de la contrefaçon[205]. L'intervention de l'autorité publique dans la délivrance des titres de propriété industrielle fonde toutefois la traditionnelle exclusion de l'arbitrabilité des litiges portant sur la validité desdits titres[206]. Pourtant, par son arrêt *Diebolt*[207] de 2008, la Cour de Paris a, tout en dotant la sentence d'un effet seulement *inter partes*, admis un arbitrage qui s'était prononcé, à titre incident, sur la validité d'un brevet.

Les juridictions allemandes autorisent pareillement, et de manière inconditionnelle, l'arbitrage du contentieux, de nature privée, de la contrefaçon[208]. Eu égard à la compétence exclusive conférée, en la matière, au Tribunal fédéral des brevets (en allemand, *Bundespatentgericht*)[209], elles sont

---

203 V. 12ème Considérant du Règlement « Bruxelles 1 *bis* ».

204 CPI, art. L.331-1, al. 4 (droits de propriété littéraire et artistique), L.521-3-1, al. 2 (dessins et modèles), L.615-17, al. 2 (brevet), L.716-4 (marque) et L.722-8, al. 2 (indication géographique).

205 Quand bien même le recours à l'arbitrage n'est pas très fréquent en la matière. V., sur la question, P. VÉRON, *Le contentieux de l'exploitation contractuelle des droits de propriété industrielle, terrain conquis pour l'arbitrage*, Rev. Arbitrage 2014, pp. 280-281.

206 L'intervention d'autorités publiques ou judiciaires en la matière impliquant nécessairement l'ordre public. V. en ce sens, G. BONET et Ch. JARROSSON, *L'arbitrabilité des litiges de propriété industrielle en droit français*, in *Arbitrage et propriété intellectuelle*, Litec, Coll. « IRPI » , vol. 12, 1994, p. 66.

207 CA Paris (1ère Ch. C), 28 fév. 2008, Sté Hidravlika D.O.O. *c.* SA Diebolt, *Juris-Data* n° 2008-359055.

208 J. PAGENBERG, *The Arbitrability of Intellectual Property Disputes in Germany*, American Review of International Arbitration, Vol. 5, 1994, p. 48.

209 M.A. SMITH *et al*, *Arbitration of Patent Infringement and Validity Issues*

cependant plus réservées quant à son recours à l'égard de la validité des titres de propriété industrielle, quand bien même une partie de la doctrine y est favorable[210] dès lors que les arbitrages considérés se cantonnent à un effet *inter partes*[211].

Dans la perspective du futur brevet « *unitaire* »[212], l'art. 35 de l'accord du 19 fév. 2013 créant la JUB[213] met, pour sa part, en place un « *Centre de médiation et d'arbitrage* »[214] dont les décisions seront dotées d'un caractère exécutoire, quand bien même le Centre n'aura pas compétence pour annuler ou pour limiter les brevets[215].

B. – L'application de la compétence de principe du *for* du défendeur

La soumission de la contrefaçon transfrontalière au droit commun de la compétence judiciaire passe essentiellement par l'application de la compétence du *for* du défendeur. Cette solution de principe (1) donne lieu aux dérogations habituelles lorsque le défendeur ne réside pas sur le territoire de l'UE (2).

1. La solution de principe

Par-delà le contentieux spécifique de la contrefaçon transfrontalière, la réglementation « *Bruxelles/Lugano* »[216] reprend le

---

Worldwide, Harvard Journal of Law & Technology, Vol. 19, n° 2, 2006, p. 335.

210 V. F. STEIN & Martin JONAS (sous la dir. de), *Kommentar zur Zivilprozessordnung: ZPO*, Mohr Siebeck (Tübigen), 22ème éd. 2002, §1030.

211 K.-H. BÖCKSTIEGEL, S. M. KRÖLL, P. NACIMIENTO (sous la dir. de), *Arbitration in Germany: The Model Law in Practice,* Kluwer Law International, 2ème éd., 2015, p. 907 et s.

212 Issu du règl. (UE) n° 1257/2012 du 17 déc. 2012, préc.

213 Préc.

214 Le §1er de l'art. 35 précise que le Centre dispose d'un siège à Ljubljana (Slovénie) et d'un autre à Lisbonne (Portugal).

215 V. art. 35, §2.

216 Qu'il s'agisse des Conventions de Bruxelles et Lugano ou des règlements « Bruxelles 1 » et « Bruxelles 1 *bis* ».

principe – classique en procédure civile[217] – de la compétence du *for* du défendeur. C'est ainsi que, aux termes de l'art. 4, §1 du règlement « Bruxelles 1 *bis* »[218], « (...) les personnes domiciliées sur le territoire d'un État membre sont attraites, quelle que soit leur nationalité, devant les juridictions de cet État membre ».

Ce principe de la compétence du *for* du défendeur est également retenu dans la réglementation afférente aux titres « européens » de propriété industrielle, qu'il s'agisse du titre de protection communautaire d'une obtention végétale[219], de la marque de l'UE[220], du dessin ou modèle de l'UE[221], ou encore du brevet « *unitaire* »[222].

2. Les solutions alternatives

À défaut de domiciliation du défendeur sur le territoire de l'UE, la réglementation « *Bruxelles/Lugano* » renvoie, pour l'essentiel, à la compétence juridictionnelle déterminée par le droit interne des États concernés[223].

De leur côté, les règlements créant des titres « européens » de propriété industrielle donnent compétence :

- au *for* du demandeur, à défaut de tout établissement du défendeur dans un État membre de l'UE[224] ;

---

217 V. Code de proc. civ. français, art. 42, al. 1er : « La juridiction territorialement compétente est, sauf disposition contraire, celle du lieu où demeure le défendeur ».

218 La formule figurait déjà dans l'art. 2, §1 des Conventions de Bruxelles et Lugano ainsi que du règlement « Bruxelles 1 ».

219 V art. 101, §2, a) du règl. (CE) n° 2100/94.

220 V art. 97, §1 du règl. (UE) n° 207/2009.

221 V. art. 82 du règl. (CE) n° 6/2002.

222 V art. 33, §1er, b de l'acc. JUB de 2013.

223 V. règlement « Bruxelles 1 », art. 4, §1er et règlement « Bruxelles 1 *bis* », art. 6, §1er.

224 V. art. 101, §2, b) du règl. (CE) n° 2100/94, art. 97, §2 du règl. (CE) n° 207/2009 et art. 82 du règl. (CE) n° 6/2002.

- aux juridictions de l'État du siège de l'Office, à défaut, d'établissement tout à la fois du demandeur et du défendeur dans un État membre de l'UE[225].

En matière de brevet « *unitaire* » enfin, l'accord relatif à la JUB prévoit[226] qu'en l'absence d'établissement des défendeurs sur le territoire d'un État membre contractant, le demandeur sera libre de saisir :

- soit la division du « *lieu du dommage* »[227], constituée, selon les cas, de la division *locale* située sur le territoire de l'État dans lequel la contrefaçon s'est produite ou de la division *régionale* à laquelle ledit État participe ;
- soit la division *centrale* de la nouvelle juridiction[228].

Les juridictions ainsi désignées en matière de titres « européens » de propriété industrielle voient leur compétence étendue à l'ensemble du territoire sur lequel le titre considéré produit son effet, à savoir :

- le territoire de l'UE pour la marque de l'UE, le dessin ou modèle de l'UE et le titre de protection communautaire d'une obtention végétale[229] ;
- le territoire des États membres signataires de l'accord créant la JUB pour le brevet « *unitaire* »[230].

---

225 V. art. 101, §2, c) du règl. (CE) n° 2100/94, art. 97, §3 du règl. (CE) n° 207/2009 et art. 82 du règl. (CE) n° 6/2002.

226 V. acc. JUB, art. 33, §1er, b, al. 3.

227 V. *infra*.

228 Aux termes de l'art. 33, §1er, b, al. 4 de l'accord, la saisine de la division centrale s'impose même « si aucune division locale ne se trouve sur le territoire de l'État membre contractant concerné et que celui-ci ne participe pas à une division régionale ».

229 Art. 98, §1er du règl. (CE) n° 207/2009, art. 83, §1er du règl. (CE) n° 6/2002 et art. 101, §2 du règl. (CE) n° 2100/94.

230 Art. 34 de l'accord JUB.

C. – L'application du régime des incidents de compétence

Le droit commun de la compétence judiciaire applicable à la contrefaçon transfrontalière comprend le régime des incidents de compétence que sont la litispendance internationale (1) et la connexité internationale (2).

1. La litispendance internationale appliquée à la contrefaçon transfrontalière

Le régime de litispendance internationale applicable à la contrefaçon transfrontalière relève, selon les cas, de la réglementation « *Bruxelles/Lugano* » ou de l'accord relatif à une JUB.

a) La litispendance dans la réglementation « Bruxelles/Lugano »

La litispendance internationale est prise en compte par la réglementation « *Bruxelles/Lugano* »[231]. Il résulte en effet de l'art. 29, §1er du règlement « Bruxelles 1 *bis* » que « *lorsque des demandes ayant le même objet et la même cause sont formées entre les mêmes parties devant des juridictions d'États membres différents, la juridiction saisie en second lieu sursoit d'office à statuer jusqu'à ce que la compétence de la juridiction première saisie soit établie* »[232].

Dans le champ de la contrefaçon transfrontalière, le sursis à statuer imposé à raison de la litispendance internationale a rapidement été utilisé par des contrefacteurs en vue de faire barrage à d'éventuelles actions en justice susceptibles d'être

---

[231] Art. 21 des Conventions de Bruxelles et Lugano ; art. 27 du règlement « Bruxelles 1 » et de la Convention « Lugano 2 » ; art. 29 du règlement « Bruxelles 1 *bis* ».

[232] Le §3 de l'art. 29 précise que « *lorsque la compétence de la juridiction première saisie est établie, la juridiction saisie en second lieu se dessaisit en faveur de celle-ci* ». Il résulte en outre de l'arrêt *Gasser* (non relatif à la propriété intellectuelle) que le sursis à statuer s'impose au premier juge même si l'éventuelle compétence du second se fonde sur une clause attributive de juridiction (CJCE, 9 déc. 2003, Gasser GmbH *c.* Misat Srl, aff. C-116/02).

engagées à leur encontre. C'est ce qu'on a appelé la stratégie des « *torpilles* »[233] : avant même d'être cités à comparaître[234], ces contrefacteurs prennent l'initiative de saisir[235] une juridiction, connue pour la lenteur de ses procédures, d'une action « *en déclaration de non-contrefaçon* »[236], l'objectif étant bien de « *torpiller* » l'éventuelle action en contrefaçon transfrontalière en lui opposant, le cas échéant, une exception de litispendance.

Des juridictions françaises et belges de 1ère instance ont cherché à mettre un frein à cette pratique au motif que, visant à détourner de son but le régime de la litispendance internationale, ces actions s'apparentaient à un abus de droit[237]. Leur raisonnement a cependant été condamné par la CJUE dans son arrêt *Folien Fischer*[238] : en tant que juridiction « *du lieu du fait dommageable* », une juridiction ne saurait désormais se déclarer incompétente pour connaître d'une action en déclaration de non-contrefaçon. De sorte que, validant la pratique des « *torpilles* » en matière de contrefaçon transfrontalière, la solution, depuis lors entérinée par différentes juridictions

233 Parfois qualifiées d'« *italiennes* ». V. M. FRANZOSI, *Worldwide Patent Litigation and the Italian Torpedo*, EIPR 1997, p. 382.

234 Tout au plus ont-ils reçu une mise en demeure de cesser une activité prétendument contrefaisante.

235 Sur la base d'un quelconque élément de rattachement avec le territoire d'un autre État européen.

236 Il peut aussi s'agit d'une action en nullité du titre de propriété industrielle en vue de pouvoir pareillement bloquer l'action en contrefaçon annoncée mais au moyen, cette fois, d'une exception de connexité (v. *infra*).

237 Conformément à la jurisprudence de la Cour européenne, il peut en effet y avoir litispendance entre une première action, par laquelle le demandeur formule ses conclusions « de manière négative », et une seconde, par laquelle, « le défendeur, devenu demandeur » les formule « de façon positive » (v. CJCE 6 déc. 1994, Tatry *c.* Maciej Rataj, aff. C-406/92, point 43).

238 CJUE, 25 oct. 2012, Folien Fischer *c.* Ritrama, aff. C-133/11.

nationales[239], a, en la matière, ouvert en grand les portes du *forum shopping* dans l'Union européenne.

b) La litispendance dans les procédures soumises à la Juridiction unifiée du brevet

S'il n'est pas envisagé par les règlements créant des titres « *européens* » de propriété industrielle, le régime de la litispendance internationale est expressément visé à l'art. 33 de l'accord relatif à une JUB.

Reprenant le mécanisme « *ordinaire* » de la litispendance, le §2, al. 1er de l'article dispose que si une action en contrefaçon (ou menace de contrefaçon) de brevet « *est pendante devant une division du tribunal de 1ère instance, aucune action (similaire) ne peut être engagée entre les mêmes parties au sujet du même brevet devant aucune autre division* »[240].

Mais les §§ 4 et 6 recèlent un dispositif spécifique de lutte contre la pratique des « *torpilles* » :

- le premier prévoit qu'après introduction d'une action en contrefaçon devant n'importe quelle division de la JUB[241], toute action en déclaration de non-contrefaçon du brevet litigieux doit être soumise à la même division ;

- le second oblige la division centrale, saisie d'une action en déclaration de non-contrefaçon de brevet, à surseoir à statuer si, dans les trois mois, une action en contrefaçon a été engagée entre les mêmes parties au sujet du même brevet devant une *autre* division[242] de la JUB.

---

239 V. not. Cour de cassation italienne, 28 mai 2013, Massachussetts General Hospital *c.* Asclepion Laser Technlogies GmbH, EIPR 2012, n°12.

240 L'al. 3 de la disposition ajoute que « si une action est engagée entre les mêmes parties au sujet du même brevet devant plusieurs divisions différentes, la division première saisie est compétente pour l'intégralité de l'affaire et toute division saisie ultérieurement déclare l'action irrecevable conformément au règlement de procédure ».

241 Y inclus la division centrale.

242 Qu'elle soit locale ou régionale.

2. La connexité internationale appliquée à la contrefaçon transfrontalière

La connexité internationale est, pour sa part, visée à la fois dans la réglementation « *Bruxelles/Lugano* » et dans celle des titres « européens » de propriété industrielle.

a) La connexité dans la réglementation « Bruxelles/Lugano »

À l'instar de la litispendance, la connexité est prise en compte, à titre d'incident de compétence dans un cadre international, par la réglementation « *Bruxelles/Lugano* »[243].

L'art. 30 du règlement « Bruxelles 1 *bis* » dispose en effet :

- « *1. Lorsque des demandes connexes sont pendantes devant des juridictions d'États membres différents, la juridiction saisie en second lieu peut surseoir à statuer.*

- *2. Lorsque la demande devant la juridiction première saisie est pendante au premier degré, toute autre juridiction peut également se dessaisir, à la demande de l'une des parties, à condition que la juridiction première saisie soit compétente pour connaître des demandes en question et que sa loi permette leur jonction.*

- *3. Sont connexes, au sens du présent article, les demandes liées entre elles par un rapport si étroit qu'il y a intérêt à les instruire et à les juger en même temps afin d'éviter des solutions qui pourraient être inconciliables si les causes étaient jugées séparément* ».

L'interprétation, à l'origine large, de la notion de connexité par la CJCE[244] a été remise en cause avec l'arrêt *Roche*[245], relatif à un cas de contrefaçon transfrontalière. Pour la Cour, le risque d'une divergence de solutions à un litige ne suffit pas

243 Art. 22 des Conventions de Bruxelles et Lugano ; art. 28 du règlement « Bruxelles 1 » et de la Convention « Lugano 2 » ; art. 30 du règlement « Bruxelles 1 *bis* ».

244 V. not. CJCE, 6 déc. 1994, Tatry *c.* Maciej Rataj, préc.

245 CJCE, 13 juill. 2006, Roche Nederland *c.* Primus et Goldenberg, aff. C-539/03 (étant précisé que, aux termes de la réglementation « *Bruxelles/Lugano* », les règles de compétence judiciaire en cas de pluralité de défendeurs renvoient aux conditions de la connexité).

pour qualifier ces solutions d'inconciliables : « il faut encore que cette divergence s'inscrive dans le cadre d'une même situation de fait et de droit ». En outre, « *lorsque plusieurs juridictions de différents États contractants sont saisies d'actions en contrefaçon d'un brevet européen délivré dans chacun de ces États (...), d'éventuelles divergences entre les décisions rendues par les juridictions en cause ne s'inscriraient pas dans le cadre d'une même situation de droit. D'éventuelles décisions divergentes ne sauraient donc être qualifiées de contradictoires* »[246].

Des éléments du risque de décisions inconciliables à prendre en considération ont précisément été fournis par l'arrêt *Solvay*[247] dans le cadre de contrefaçons transfrontalières d'un même brevet européen (délivré pour plusieurs États) :

- « d'une part, les défenderesses au principal sont accusées, chacune séparément, des mêmes actes de contrefaçon à l'égard des mêmes produits (...) ;
- d'autre part, de tels actes de contrefaçon ont été commis dans les mêmes États membres, de sorte qu'ils portent atteinte aux mêmes parties nationales du brevet européen en cause »[248].

À l'instar de la litispendance (invoquée en cas d'action « *préventive* » en déclaration de non-contrefaçon), la connexité a pu être sollicitée, en matière de contrefaçon transfrontalière – à titre de « *torpille* » – par des contrefacteurs saisissant préventivement une juridiction (connue pour la lenteur de ses procédures) d'une action en *nullité* de titres de propriété industrielle qu'ils exploitaient sans autorisation.

---

246 Points 31-32.

247 CJUE, 12 juill. 2012, Solvay *c.* Honeywell Fluorine Products, aff. C-616/10.

248 Point 29.

b) La connexité dans la réglementation de titres « européens » de propriété industrielle

Hormis en cas de « *circonstances particulières* », un régime spécial de connexité figure dans les règlements à l'origine des titres « *européens* » de propriété industrielle :

- la faculté de surseoir à statuer est ainsi laissée à la juridiction saisie d'une action portant sur une protection communautaire déjà accordée, « *à propos de laquelle a été introduite une procédure en annulation ou en déchéance (…) dans la mesure où la décision dépend de la validité de la protection communautaire…* »[249] ;

- est en revanche tenu de prononcer le sursis à statuer le tribunal des marques (ou tribunal des dessins ou modèles) de l'UE saisi d'une action en contrefaçon dans le cas où une action en nullité du titre considéré a déjà été portée devant un autre tribunal des marques (ou tribunal des dessins ou modèles) de l'UE[250] ;

- une même obligation de surseoir à statuer incombe à l'Office de l'Union européenne pour la propriété intellectuelle (EUIPO) d'Alicante s'il est saisi d'une demande de déchéance ou de nullité d'un titre alors qu'une action en nullité du titre en cause a déjà été engagée devant un tribunal des marques (ou tribunal des dessins ou modèles) de l'UE[251].

La connexité est encore envisagée dans l'art. 33 de l'accord relatif à une JUB, marquant la volonté de ses concepteurs de

---

249 Règl. (CE) n° 2100/94, art. 106, §2.

250 V. règl. (CE) n° 207/2009, art. 104, §1er et règl. (CE) n° 6/2002, art. 91, §1er.

251 V. règl. (CE) n° 207/2009, art. 104, §2 et règl. (CE) n° 6/2002, art. 91, §2. À titre exceptionnel, si une partie à la procédure devant ledit tribunal le demande, celui-ci peut toutefois, après audition des autres parties, suspendre la procédure, auquel cas, « l'Office poursuit la procédure pendante devant lui ».

limiter[252] la pratique des « *torpilles* » dans le contentieux des brevets soumis à la nouvelle juridiction :

- en application du §4 de l'article[253], toute action en nullité d'un brevet devra être portée devant la division de la JUB[254] déjà saisie, le cas échéant, d'une action en contrefaçon de ce brevet ;
- aux termes du §5, l'inverse n'est pas vrai : si une action en nullité a été soumise à la division centrale, une action en contrefaçon ultérieure « *peut être engagée entre les mêmes parties au sujet du même brevet devant n'importe quelle division* » de la JUB, y compris la division centrale.

II. – L'assujettissement de la contrefaçon transfrontalière à des régimes dérogatoires de compétence judiciaire

Outre le droit commun de la compétence judiciaire, la réglementation européenne soumet la contrefaçon transfrontalière à des régimes dérogatoires tenant, selon les cas, à des compétences spéciales (A) et à des compétences exclusives (B).

A. – Les cas de compétence spéciale

La réglementation « *Bruxelles/Lugano* » et les règlements instituant les titres « européens » de propriété industrielle déterminent trois cas de compétences spéciales, générateurs d'options de compétence pour les justiciables, susceptibles de gouverner la contrefaçon transfrontalière : la compétence en vue de l'adoption de mesures provisoires ou conservatoires (1), la compétence en matière délictuelle (2) et la compétence en cas de procédure impliquant plusieurs défendeurs (3).

---

252 Sur le fondement de la connexité comme sur celui de la litispendance.

253 Déjà mentionné à propos de la litispendance internationale (v. *supra*).

254 Y inclus la division centrale.

Ces compétences spéciales, prévues par le système « *Bruxelles/Lugano* », sont aussi celles qui permettent de déterminer la division de la JUB susceptible d'être saisie d'un litige afférent à un brevet européen[255].

1. En vue de l'adoption de mesures provisoires et conservatoires

Quel que soit le type de litige en cause, le système « *Bruxelles/Lugano* » découple les règles de compétence juridictionnelle applicables pour l'adoption de mesures provisoires ou conservatoires de celles applicables pour les procédures au fond.

Il résulte ainsi de l'art. 35 du règlement « Bruxelles 1 *bis* »[256] que « les mesures provisoires ou conservatoires prévues par la loi d'un État membre peuvent être demandées aux juridictions de cet État, même si les juridictions d'un autre État membre sont compétentes pour connaître du fond ». Utilisée depuis de nombreuses années par des juridictions nationales[257] pour des actes de contrefaçon commis à l'étranger, cette option de compétence a été consacrée par la CJUE dans son arrêt *Solvay*[258] de 2012. L'affaire procédait de l'action en contrefaçon de brevet intentée, aux Pays-Bas, par la société belge Solvay contre son concurrent Honeywell au travers d'une même citation à comparaître délivrée à une filiale néerlandaise et à deux filiales belges de ce dernier. Pour la Haute juridiction européenne, dès lors que la mesure est admise par la *lex fori*, le règlement « Bruxelles 1 *bis* » ne saurait priver le juge

255 V. art. 71 *ter*, §2 du règlement « Bruxelles 1 *bis* » modifié.

256 Cette disposition correspond à l'art. 31 du règlement « Bruxelles 1 ».

257 Par ex., par des juridictions néerlandaises, en mat. de marque (aff. Diesel-Units, 1989), et en mat. de brevet (aff. Rhône-Poulenc, 1993), citées *in* Patent World, oct. 1993, n° 56, pp. 20-22.

258 CJUE, 12 juill. 2012, Solvay *c.* Honeywell Fluorine Products, préc., dispositif, point 2.

néerlandais saisi de la faculté de prononcer une « *interdiction provisoire de contrefaçon transfrontalière* »[259].

En ce qui concerne l'adoption de mesures provisoires ou conservatoires relatives aux titres « européens » de propriété industrielle, le règlement (CE) n° 2100/94 relatif à la protection communautaire des obtentions végétales ne comprend aucune disposition sur la compétence judiciaire. La détermination de celle-ci se fonde donc sur le seul dispositif « *Bruxelles/Lugano* », dispositif expressément écarté par les règlements sur la marque et sur le dessin ou modèle de l'UE[260], au profit d'un régime spécifique de compétence juridictionnelle pour l'adoption de mesures provisoires ou conservatoires[261] :

- sont par principe applicables les règles nationales de l'État dans lequel le tribunal saisi (tribunal des marques de l'UE ou tribunal des dessins ou modèles de l'UE) est situé[262] ;
- les mesures provisoires de caractère extraterritorial sont toutefois réservées aux seuls tribunaux (tribunaux des marques de l'UE ou tribunaux des dessins ou modèles de l'UE) dotés d'une compétence internationale[263], à savoir en particulier – sauf désignation par les parties d'un autre tribunal (tribunal des marques de l'UE ou tribunal des dessins ou

---

259 En dehors du champ de la propriété intellectuelle, la Cour européenne avait déjà autorisé le prononcé de mesures provisoires extraterritoriales (v. not. CJCE, 21 mai 1980, Denilauler *c.* Couchet Frère, aff. C-125/79 et 27 avril 1999, Mietz *c.* Intership Yachting Sneek BV, aff. C-99/96).

260 Art. 94, §2, a) du règl. (CE) n° 207/2009 et 79, §3, a) du règl. (CE) n° 6/2002.

261 Art. 103 du règl. (CE) n° 207/2009 et 90 du règl. (CE) n° 6/2002. Le §3 des art. 104 (marque) et 91 (dessin ou modèle) permet en outre aux tribunaux qui, sur le fondement de la connexité (v. *supra*), prononcent un sursis à statuer, d'« ordonner des mesures provisoires et conservatoires pour la durée de la suspension ».

262 §1er.

263 §2.

modèles de l'UE) – le *for* du défendeur ou, à défaut, le *for* du demandeur ou, à défaut, le tribunal de commerce d'Alicante (en espagnol *Juzgados de lo Mercantil*)[264]. De sorte que la juridiction du lieu du fait dommageable est incompétente pour prononcer des mesures provisoires extraterritoriales afférentes à une marque de l'UE ou à un dessin ou modèle de l'UE[265].

Pour ce qui est du brevet « *unitaire* », la JUB est, quant à elle, déclarée compétente pour connaître de toute action « *visant à obtenir des mesures provisoires et conservatoires et des injonctions* »[266].

2. En matière délictuelle

L'art. 7, §2 du règlement « Bruxelles 1 *bis* »[267] dispose qu'en matière délictuelle (ou quasi-délictuelle), « *une personne domiciliée sur le territoire d'un État membre peut être attraite dans un autre État membre (…) devant la juridiction du lieu où le fait dommageable s'est produit ou risque de se produire* ». Le texte institue ainsi une option de compétence entre le *for* du défendeur et le *forum delicti*, autrement dit la juridiction du lieu du fait dommageable. Il ne fait aucun doute que la règle est applicable à la contrefaçon, voire même à la seule menace de contrefaçon[268].

La compétence internationale de la juridiction du lieu de la contrefaçon est précisément envisagée par les règlements à l'origine des titres « européens » de propriété industrielle, qu'il

---

264 La juridiction a été désignée par l'Espagne, pays dans lequel est situé l'Office européen.

265 V. *infra*.

266 Art. 32, §1er c). Cette compétence se fonde sur le nouvel art. 71 *ter*, §2, al. 2 du règlement « Bruxelles 1 *bis* » modifié (par le règlement (UE) n° 542/2014) aux termes duquel « des mesures provisoires, y compris conservatoires, peuvent être demandées à une juridiction commune même si les juridictions d'un État tiers sont compétentes pour connaître du fond ».

267 Correspondant à l'art. 5, §3 du précédent règlement « Bruxelles 1 ».

268 Le texte visant en particulier le lieu où le dommage « *risque de se produire* ».

s'agisse du titre communautaire de protection d'une obtention végétale[269], de la marque de l'UE ou du dessin ou modèle de l'UE[270].

L'accord instituant la JUB soumet le brevet « *unitaire* » au même principe en attribuant compétence à « *la division locale située sur le territoire de l'État membre contractant où la contrefaçon ou la menace de contrefaçon s'est produite ou est susceptible de se produire, ou devant la division régionale à laquelle ledit État membre participe* »[271]. À titre d'exception, l'accord prévoit cependant que si une action en contrefaçon (ou menace de contrefaçon) de brevet « *est pendante devant une division régionale et que la contrefaçon s'est produite sur le territoire d'au moins trois divisions régionales, à la demande du défendeur, la division régionale concernée renvoie l'affaire devant la division centrale* »[272].

Ces titres « européens » révèlent en outre des nuances quant à l'étendue de la compétence de la juridiction saisie au titre de juridiction « *du lieu de la contrefaçon* » :

- pour les marque, dessin ou modèle et titre de protection d'une obtention végétale, la compétence judiciaire est limitée aux faits de contrefaçon présumés commis sur le territoire de l'État membre dans lequel est située la juridiction saisie[273] ;

- pour le brevet « *unitaire* », la compétence judicaire couvre tout « *le territoire des États membres contractants pour lesquels le brevet produit ses effets* »[274], ce qui confère à la décision rendue une

---

269 V. art 101, §3 du règl. (CE) n° 2100/94 mentionnant « *le tribunal du lieu où le fait dommageable s'est produit* ».

270 V. art. 97, §5 du règl. (CE) n° 207/2009 et 82, §5 du règl. (CE) n° 6/2002 attribuant pareillement compétence aux « *tribunaux de l'État membre sur le territoire duquel le fait de contrefaçon a été commis ou menace d'être commis* ».

271 Art. 33, §1er, a) de l'accord JUB.

272 Art. 33, §2, al. 2 de l'accord JUB.

273 Art. 98, §2 du règl. (CE) n° 207/2009, art. 83, §2 du règl. (CE) n° 6/2002 et art. 101, §3 du règl. (CE) n° 2100/94.

274 Art. 34 de l'accord JUB.

étendue territoriale identique, quelle que soit la division de la JUB saisie.

De manière plus générale, l'application à la contrefaçon transfrontalière de la compétence spéciale prévue en matière délictuelle a suscité des interrogations concernant, d'une part, l'existence d'un fait dommageable en cas d'action en déclaration de non-contrefaçon et, d'autre part, la détermination du lieu du fait dommageable en cas de contrefaçon en ligne.

a) L'existence d'un fait dommageable en cas d'action en déclaration de non-contrefaçon

Admise seulement dans certains États membres[275], l'action en déclaration de non-contrefaçon[276] est une action judiciaire préventive par laquelle un justiciable, craignant des poursuites imminentes pour contrefaçon, demande à une juridiction de dire que son comportement n'est nullement attentatoire à des droits de propriété intellectuelle.

Les règlements relatifs aux marques et dessins ou modèles de l'UE font précisément échapper cette action à la compétence de la juridiction du lieu de la contrefaçon[277]. Se contentant d'énoncer que « les procédures *résultant*[278] d'actions en contrefaçon peuvent (…) être portées devant le tribunal du lieu où le fait dommageable s'est produit »[279], le règlement (CE) n° 2100/94 instituant un régime de protection communautaire des obtentions végétales est, pour ce qui le concerne, peu explicite quant à son application à l'action en déclaration de non-contrefaçon. Seule la *ratio legis* pourrait militer en

---

275 Dont la France.

276 Également appelée action en *constatation négative*.

277 V. art. 97, §5 du règl. (CE) n° 207/2009 et 82, §5 du règl. (CE) n° 6/2002.

278 C'est nous qui soulignons.

279 Art. 101, §3 du règlement (CE) n° 2100/94.

faveur d'une solution identique à celle retenue pour les autres titres « européens » de propriété industrielle…

Reste posée, s'agissant des droits nationaux de propriété intellectuelle, la question de savoir si l'option de compétence prévue par la réglementation « *Bruxelles/Lugano* » en matière délictuelle est applicable aux actions en déclaration de non-contrefaçon, raisonnement à l'origine de la pratique, évoquée plus haut, des « *torpilles* ».

Dans un premier temps, les juges nationaux ont eu tendance à rejeter leur compétence internationale à cet égard au motif – des plus convaincants – qu'une déclaration de non-contrefaçon prononcée par une juridiction ne saurait s'apparenter à un dommage survenu dans le pays où a été engagée la procédure[280]. Cette interprétation a été remise en cause par la CJUE en 2012, dans sa décision *Folien Fischer* précitée. L'affaire était née d'un refus d'octroi de licences de brevets allemands[281], refus dont le destinataire italien prétendait – par courrier – qu'il contrevenait aux règles européennes de libre concurrence. S'ensuivit une demande judiciaire en « *constatation négative* » formée par les titulaires des brevets devant le *Landgericht* de Hambourg, immédiatement suivie d'une action intentée, devant le *Tribunale* de Milan, par le destinataire des refus contre les titulaires des brevets pour violation des règles

---

280 V. par ex. Tribunal de Salerne (Italie), 9 mars 1994, Cavi *c.* Siemens (inédit, cité *in* P. VÉRON, *Innovations apportées dans le contentieux de la propriété industrielle par le Règlement (CE) n° 44/2001 du Conseil du 22 décembre 2000 concernant la compétence judiciaire, la reconnaissance et l'exécution des décisions en matière civile et commerciale, par rapport à la Convention de Bruxelles du 27 septembre 1968*, RDPI 2001, n° 121, p. 4) ; Cour d'appel de La Haye, 22 janv. 1998, Evans Medical *c.* Chiron, EIPR 1998, p. 61, note Bart van den Broek) ; Cour suprême de Suède, 14 juin 2000, Flootek *c.* Miljøteknologi ; IIC Vol. 32, 2/2001, p. 231 ; Cour de cassation italienne, 19 déc. 2003, BL Macchine Automatiche *c.* Windmoller & Holscher, EIPR 2004, n° 155.

281 Dans le domaine du papier et des films adhésifs.

de concurrence[282]. Réticente à admettre sa compétence dès lors qu'une « *action en constatation négative (...) vise précisément à établir qu'aucun acte délictuel n'a été commis* », la justice allemande a saisi la CJUE d'un recours préjudiciel en interprétation. Dans son arrêt, la Haute juridiction européenne estime qu'une « *action en constatation négative visant à faire établir l'absence de responsabilité délictuelle ou quasi délictuelle relève du champ d'application* » de la compétence spéciale prévue en matière délictuelle par la réglementation « *Bruxelles/Lugano* », solution depuis lors suivie par les juridictions nationales[283].

b) La détermination du lieu du fait dommageable en cas de contrefaçon en ligne

L'essor de l'internet ne pouvait manquer de donner lieu à des procédures judiciaires mettant en cause une responsabilité civile du fait de dommages commis en ligne. À cet égard, la CJUE a très largement admis que la compétence spéciale envisagée par la réglementation « *Bruxelles/Lugano* » en matière délictuelle devait jouer en cas d'atteinte à des droits de la personnalité[284]. Mais les magistrats luxembourgeois sont restés plus prudents pour l'appliquer à des contrefaçons nées d'un possible accès en ligne à des objets protégés par des droits de propriété intellectuelle.

À ce jour, la position de la Cour dans le champ du droit d'auteur ressort principalement de ses arrêts *Pinckney*[285] et *Pez Hejduk*[286] :

---

282 Étaient sollicités tout à la fois l'octroi de dommages-intérêts et l'obligation de concéder des licences.

283 V. Cour de cassation italienne, 28 mai 2013, Massachussetts General Hospital *c.* Asclepion Laser Technlogies GmbH, préc.

284 CJUE, 25 oct. 2011, eDate *c.* X et Martinez *c.* MGN, aff. jtes C-509/09 et C-161/10.

285 CJUE, 3 oct. 2013, Pinckney *c.* KDG Mediatech, aff. C-170/12. V. aussi, dans le même sens, CJUE, 3 avril 2014, Hi Hotel HCF Sarl *c.* Uwe Spering, aff. C-387/12 (droits patrimoniaux d'un photographe).

- Le premier a été rendu à l'occasion d'une action en contrefaçon intentée, en France, par l'auteur-compositeur-interprète (français) de chansons contre un éditeur de musique autrichien auquel il était reproché d'avoir, sans autorisation, gravé les chansons sur un CD. Or, ce disque pouvait être acheté en ligne, depuis la France, sur un site établi dans un autre État membre de l'UE. Constatant que, en matière délictuelle, la réglementation « *Bruxelles/Lugano* » n'exige *pas* que l'activité dommageable soit « *dirigée vers* »[287] l'État membre de la juridiction saisie, la CJUE va admettre la compétence du juge français eu égard à l'« *atteinte alléguée aux droits patrimoniaux d'auteur garantis par l'État membre de la juridiction saisie* ». Cette focalisation de l'arrêt sur les droits *patrimoniaux* laisse ouverte la question de la compétence juridictionnelle en cas d'atteinte à un droit *moral* de l'auteur. En tout état de cause, l'arrêt écarte expressément la compétence du juge français pour statuer sur un dommage causé sur le territoire d'un autre pays.

- L'affaire *Pez Hejduk* procédait de l'action en contrefaçon d'œuvres photographiques engagée, en Autriche, contre une agence d'architecture allemande qui avait, sans autorisation, posté sur son site internet des clichés d'une photographe autrichienne. L'hébergement en Allemagne du site internet litigieux[288] posait dès lors la question de la compétence internationale du tribunal autrichien saisi. Confirmant sa jurisprudence *Pinckney*, la Cour retient la compétence de ce tribunal en tant que « juridiction du lieu du fait dommageable », et ce, non pas comme « *lieu de l'événement causal à l'origine du dommage* » (le processus technique de mise en ligne et d'affichage des photos était réalisé en Allemagne), mais comme « *lieu de matérialisation du dommage* » (bien que le site

---

286 CJUE, 22 janv. 2015, Pez Hejduk *c.* Energie Agentur, aff. C-441/13.
287 Arrêt Pinckney, point 42.
288 Le nom de domaine ayant pour suffixe « *.de* ».

n'était pas « *dirigé vers* » l'Autriche, il y était consultable, ce qui était source d'atteinte à des droits protégés dans ce pays). Cette attribution de compétence est toutefois limitée aux seuls dommages sur le territoire *autrichien* ; le juge allemand, *for* du défendeur, demeurait seul habilité à connaître de l'intégralité du préjudice subi.

Cette jurisprudence rejoint la disposition contenue dans les règlements relatifs aux titres « européens » de propriété industrielle suivant laquelle, en cas d'action en contrefaçon d'un de ces titres portée devant la juridiction du lieu du fait dommageable, « *la juridiction saisie n'est compétente que pour connaître des faits de contrefaçon présumés commis sur le territoire de l'État membre dont elle relève* »[289], limitation non applicable aux procédures portées devant une autre juridiction, spécialement le *for* du défendeur.

En cas d'atteinte à une marque commise en ligne, c'est à l'occasion de son arrêt *Wintersteiger*[290] que la CJUE a pu forger son actuelle jurisprudence dans la détermination du lieu du fait dommageable.

Était en cause, dans cette affaire, l'action en contrefaçon de marque formée, en Autriche, par une entreprise allemande contre l'utilisation de sa marque – la marque *Wintersteiger* désignant des machines pour l'entretien des skis – à titre de mot-clé sur le service de publicité en ligne *Google Adwords* (le site *google.de*, en langue allemande, pouvant naturellement être consulté depuis l'Autriche). Par son arrêt, la Cour européenne admettra la compétence tout à la fois des juridictions de

---

289 Art. 101, §3 du règl. (CE) n° 2100/94. Adoptant la même solution les art. 98, §2 du règl. (CE) n° 207/2009 et 83, §2 du règl. (CE) n° 6/2002 ont néanmoins recours à une formule légèrement différente, aux termes de laquelle le tribunal du lieu de la contrefaçon « est compétent uniquement pour statuer sur les faits commis ou menaçant d'être commis sur le territoire de l'État membre dans lequel est situé ce tribunal ».

290 CJUE, 16 fév. 2012, Wintersteiger *c.* Products 4U, aff. C-523/10.

« *l'État membre dans lequel la marque est enregistrée* » (en l'espèce l'Autriche) et des juridictions « *de l'État membre du lieu d'établissement de l'annonceur* » (en l'espèce l'Allemagne).

3. En cas de pluralité de défendeurs

Aux termes de l'art. 8, §1 du règlement « Bruxelles 1 *bis* »[291], s'il y a plusieurs défendeurs dans une même instance, « *une personne domiciliée sur le territoire d'un État membre peut (…) être attraite (…) devant la juridiction du domicile de l'un d'eux, à condition que les demandes soient liées entre elles par un rapport si étroit qu'il y a intérêt à les instruire et à les juger en même temps afin d'éviter des solutions qui pourraient être inconciliables si les causes étaient jugées séparément* »[292]. Ce régime de compétence judiciaire à raison d'une pluralité de défendeurs permet ainsi au justiciable de concentrer plusieurs demandes devant une juridiction unique, mais avec le risque de favoriser le *forum shopping*[293].

La formule retenue prête toutefois le flanc à des difficultés d'interprétation de l'« *étroitesse* » requise du rapport entre les différentes demandes, spécialement « *lorsqu'une même invention brevetée est exploitée sans autorisation par diverses sociétés dans des États européens distincts* »[294]. Ceci explique l'intéressant développement jurisprudentiel apparu concernant l'application de la règle à des actions transfrontalières en contrefaçon de brevets parallèles introduites contre des entreprises d'un même groupe.

---

291 Correspondant à l'art. 6, §1 du précédent règlement « Bruxelles 1 ». La règle figure également dans l'art. 6, §1 de la Convention dite « Lugano 2 ».

292 L'art. 33, §1er, b), al. 2 de l'accord créant la JUB institue une semblable compétence de la division du domicile de l'un des défendeurs mais sous une condition plus restrictive : l'action ne pourra en effet « *être exercée contre plusieurs défendeurs que si ceux-ci ont un lien commercial et si l'action porte sur la même contrefaçon alléguée* ».

293 A. JESPERS et B. VANBRABANT, *Aperçu des règles de compétence internationale en matière de propriété intellectuelle*, *op. cit.*, p. 40.

294 *Ibid.*

a) La jurisprudence néerlandaise initiale de « l'araignée dans la toile »[295]

En vue de limiter le *forum shopping* qui, dans les années 90, conduisait à la concentration aux Pays-Bas de nombreuses actions en contrefaçon de brevet impliquant plusieurs défendeurs, la jurisprudence néerlandaise a, sur la base de l'arrêt *Expandable Grafts*[296] rendu par la Cour d'appel de La Haye, développé une approche dite de « *l'araignée dans la toile* ».

Cette approche consiste à conférer compétence aux seuls tribunaux de l'État dans lequel la société mère a son siège social sous la double réserve de l'appartenance des contre-facteurs à un même groupe de sociétés et de l'inscription des actes de contrefaçon dans une politique commune initiée par la maison mère[297].

b) La position de la Cour européenne de justice

Par son arrêt *Roche*[298], la Haute juridiction européenne a d'abord mis un frein à la jurisprudence néerlandaise de « *l'araignée dans la toile* ».

L'affaire était partie d'une action en contrefaçon de brevet européen intentée, aux Pays-Bas, par les titulaires américains du brevet tout à la fois contre la maison-mère de la société Roche pour l'Europe[299] et plusieurs filiales dans différents États membres de l'UE[300]. Or, quand bien même les contre-facteurs faisaient, en l'espèce, partie d'un même groupe de sociétés agissant dans le cadre d'une politique commune, la

---

295 En anglais « *Spider in the Web* ».

296 Cour d'appel de La Haye, 23 avril 1998, Expandable Grafts Partnership *c.* Boston scientific, B.V. (F.S.R., 352 [1999]).

297 Quand bien même les critères précis de la notion de *maison mère* restent incertains.

298 CJCE, 13 juill. 2006, Roche Nederland *c.* Primus et Goldenberg, préc.

299 Ayant son siège social aux Pays-Bas.

300 Le brevet ayant été déposé dans chacun de ces pays.

CJCE dénie toute compétence exclusive aux juridictions néerlandaises désignées, à raison d'une pluralité de défendeurs, par la réglementation « *Bruxelles/Lugano* » : nonobstant la délivrance du brevet par l'OEB, aux termes d'une procédure administrative unique[301], chaque brevet national issu du titre européen reste soumis à la loi nationale de chacun des pays désignés pour ce qui concerne son exploitation. Si bien que d'éventuels jugements nationaux divergents ne constitueraient pas des « *solutions inconciliables* ».

En 2012, par son arrêt *Solvay*[302], la CJUE a cependant opéré un revirement de sa jurisprudence en reconnaissant que des instances parallèles en contrefaçon d'un même brevet européen dans plusieurs États sont « *susceptible(s) de conduire à des solutions inconciliables* »[303].

B. – Les cas de compétence exclusive

La contrefaçon transfrontalière donne lieu à des régimes de compétence exclusive lorsque l'action est relative à un titre « européen » de propriété industrielle (1) ou lorsqu'elle soulève une question « *d'inscription ou de validité* » d'un droit de propriété intellectuelle (2).

1. La compétence matérielle conférée aux juridictions en charge des litiges afférents aux titres « européens » de propriété industrielle

Contrairement au régime applicable à la marque de l'UE, au dessin ou modèle de l'UE ou encore au brevet « unitaire », le titre communautaire de protection d'une obtention végétale ne ressortit à aucune compétence matérielle exclusive, le

301 Sur la base de conditions uniformisées de validité.

302 CJUE, 12 juill. 2012, Solvay *c.* Honeywell Fluorine Products, préc.

303 Même si c'est à la juridiction de renvoi qu'il appartient « *d'apprécier l'existence d'un tel risque en tenant compte de tous les éléments pertinents du dossier* ».

règlement (CE) n° 2100/94 laissant la question à la discrétion des États membres[304].

Concernant la marque et le dessins ou modèle « *de l'UE* »[305], les tribunaux nationaux désignés par chacun des États membres se voient reconnaître une compétence matérielle exclusive pour connaître notamment :

- des actions en contrefaçon et – si la législation nationale les admet – en menace de contrefaçon du titre ;
- des actions en constatation de non-contrefaçon, si la législation nationale les admet ;
- des demandes reconventionnelles en nullité du titre ainsi que, en matière de marque uniquement, des demandes reconventionnelles en déchéance.

En matière de brevet, sous réserve, d'abord, des compétences concurrentes attribuées – pendant la période transitoire – à la Juridiction unifiée du brevet et aux juridictions nationales et, ensuite, de la compétence territoriale conférée aux différentes divisions de celle-ci[306], ladite JUB dispose d'une compétence matérielle exclusive pour connaître, en particulier :

- des actions en contrefaçon ou en menace de contrefaçon de brevet[307] ;
- des actions en constatation de non-contrefaçon de brevet[308] ;
- des demandes reconventionnelles en nullité de brevet[309].

---

304 C'est ainsi que l'art. D.211-5 du Code français de l'organisation judiciaire désigne 10 TGI compétents pour connaître, en France, des procédures civiles en matière d'obtentions végétales, sans distinction entre les titres nationaux et les titres communautaires.

305 V. règl. (CE) n° 207/2009, art. 96 et règl. (CE) n° 6/2002, art. 81.

306 V. *supra*.

307 Acc. JUB, art. 32, §1er, a).

308 Acc. JUB, art. 32, §1er, b).

309 Acc. JUB, art. 32, §1er, e).

Il est à noter que cette détermination exhaustive des actions judiciaires soumises à la compétence de la JUB contraste singulièrement avec l'approche bien plus « *ouverte* » de la loi française, l'art. L. 615-17, al. 1er du Code français de la propriété intellectuelle donnant compétence exclusive aux « *tribunaux de grande instance déterminés par voie réglementaire* »[310] pour toutes « *les actions civiles et les demandes relatives aux brevets d'invention* », y compris celles qui concernent la titularité des inventions de salariés et celles qui « *portent également sur une question connexe de concurrence déloyale* ».

2. La désignation d'une juridiction imposée en cas d'action en contrefaçon soulevant une question « *d'inscription ou de validité* » d'un droit de propriété intellectuelle

« *En matière d'inscription ou de validité des brevets, marques, dessins et modèles et autres droits analogues donnant lieu à dépôt ou à un enregistrement* »[311], la réglementation « *Bruxelles/Lugano* » attribue compétence exclusive – « *sans considération de domicile des parties* »[312] – aux juridictions de l'État « *sur le territoire duquel le dépôt ou l'enregistrement a été demandé, a été effectué ou est réputé avoir été effectué aux termes d'un instrument de l'Union ou d'une convention internationale* »[313].

---

310 Quand bien même, conformément à l'art. D.211-6 du Code de l'org. jud., le TGI de Paris est désormais seul habilité à trancher les litiges relatifs aux brevets français délivrés par l'INPI.

311 V. art. 16, §4 des Conventions de Bruxelles et Lugano, 22, §4 du règlement (CE) « Bruxelles 1 » n° 44/2001 et de la Convention « Lugano 2 » ainsi que 24, §4 du règlement (UE) « Bruxelles 1 *bis* » n° 1215/2012 (12 déc. 2012).

312 *Ibid.*

313 Ajouté (à compter de l'année 2000) aux art. 22, §4 du règlement « Bruxelles 1 » et de la convention « Lugano 2 » ainsi qu'à l'art. 24, §4 du règlement « Bruxelles 1 *bis* », un second alinéa de la disposition ajoute que, sous réserve de la compétence reconnue à l'OEB, les juridictions nationales « sont seules compétentes en matière d'inscription ou de validité d'un brevet européen délivré pour cet État ». Si bien que

La sophistication de la formule a pu donner lieu à débats sur les critères permettant de distinguer les actions qui échappent à la désignation légale et celles qui lui sont au contraire soumises.

a) Les actions non soumises à la désignation

Échappent en premier lieu au régime de compétence exclusive issu du système « *Bruxelles/Lugano* » les actions portant sur la titularité de droits de propriété intellectuelle. La solution a été posée par la CJCE à l'occasion de l'affaire *Duijnstee*[314].

Le litige portait sur la titularité de brevets et demandes de brevets relatifs à l'invention d'un salarié d'une entreprise néerlandaise, entre-temps tombée en faillite, dont le syndic de faillite demandait le transfert à ladite entreprise. S'est rapidement posée, dès lors que les brevets avaient été obtenus ou demandés dans une vingtaine de pays (en plus des Pays-Bas), la question de la compétence des juridictions néerlandaises.

Pour le demandeur à l'action, celle-ci pouvait précisément se fonder sur la disposition de la réglementation européenne[315] selon laquelle, en matière d'inscription ou de validité des titres de propriété industrielle, sont seules compétentes les juridictions de l'État sur le territoire duquel le dépôt ou l'enregistrement de ces titres ont été demandés ou effectués.

Pour la Cour européenne, il n'y a toutefois pas lieu à compétence exclusive si « *le litige ne porte pas lui-même sur la validité du brevet ou l'existence du dépôt ou de l'enregistrement* »[316]. Or,

---

les jugements rendus par les juridictions nationales en matière d'inscription ou de validité des brevets européens sont dépourvus de tout effet extraterritorial.

314 CJCE, 15 nov. 1983, Duijnstee *c.* Goderbauer, aff. C-288/82.

315 À l'époque l'art. 16, §4 de la Conv. de Bruxelles de 1968.

316 Point 25. En découle la faculté pour le juge national, en qualité de *for* du défendeur, de statuer sur des affaires de contrefaçon transfrontalière impliquant des droits de propriété intellectuelle détenus

en l'espèce, « la notion de litige '*en matière d'inscription ou de validité des brevets*' ne recouvre pas un différend entre un employé, auteur d'une invention pour laquelle un brevet a été demandé ou obtenu, et son employeur lorsque le litige porte sur leurs droits respectifs sur ce brevet découlant de leur relation de travail »[317].

Ne devraient pas davantage être soumises à la désignation d'une juridiction imposée les actions portant sur des droits de propriété intellectuelle protégés *sans* dépôt. Visant les seuls « droits (…) donnant lieu à dépôt ou à un enregistrement », le texte réglementaire paraît en effet inapplicable aux actions relatives à des droits d'auteur, à des droits voisins, à des dessins ou modèles non déposés, voire à des marques notoires non déposées.

Si, à ce jour, la CJUE ne semble pas s'être prononcée sur la question, la jurisprudence britannique a, pour ce qui la concerne, été amenée à se prononcer à plusieurs reprises sur la compétence judiciaire en matière de contrefaçon transfrontalière de droits d'auteur.

Par l'arrêt *Peace*[318] rendu en 2005, la *High Court* s'est d'abord déclarée compétente pour connaître d'une action en contrefaçon de droits d'auteur sur une œuvre architecturale reproduite sans autorisation, par un résident britannique, sur le territoire néerlandais.

Le débat a été relancé, quelques années plus tard, lors de l'affaire *Lucasfilm* dans laquelle la justice britannique avait à connaître de la distribution de copies de produits dérivés de la

---

à l'étranger : constituant une exception au principe de la compétence du *for* du défendeur, la compétence exclusive en matière d'inscription ou de validité des titres de propriété industrielle doit en effet être interprétée de façon restrictive.

317 Dispositif, point 3.

318 *High Court, Chancery Div.*, Peace *c.* Ove Arup Partnership, [2005] EWHC Ch B9.

série des films *La guerre des étoiles*[319]. Faute de succès dans sa prétention, fondée sur une violation de ses droits d'auteur britanniques, la société *Lucasfilm* avait invoqué une atteinte à ses droits d'auteur américains dès lors que quelques contrefaçons avaient été vendues aux États-Unis :

- la *Court of Appeal* saisie de l'affaire s'est, en 2009, déclarée incompétente pour connaître de droits de propriété intellectuelle étrangers (et, qui plus est, non européens)[320] ;
- l'arrêt sera pourtant cassé en 2011 par la Cour suprême britannique[321] au motif en particulier que, ne donnant *pas « lieu à dépôt ou à un enregistrement »*, les droits d'auteur, en cause dans l'affaire, écartaient l'application de la compétence exclusive prescrite par la réglementation « *Bruxelles/Lugano* » en cas d'action en contrefaçon soulevant une question « *d'inscription ou de validité* » d'un droit de propriété intellectuelle.

b) Les actions soumises à la désignation

La réglementation « *Bruxelles/Lugano* » avait d'emblée soumis au régime de compétence exclusive les actions judiciaires « *en matière d'inscription ou de validité* » des droits de propriété intellectuelle. La formulation du texte pouvait cependant laisser place à l'incertitude quant à savoir s'il devait, ou non, s'appliquer lorsque la question d'inscription ou de validité du titre était soulevée, par voie d'*exception*, au cours d'une action en contrefaçon.

Tel était précisément l'objet de la procédure par laquelle, au début des années 2000, l'entreprise allemande *LuK*[322], détentrice, dans plusieurs pays, de brevets dans le domaine

---

319 En l'occurrence le casque « *Stormtrooper* », dont le 1er prototype avait été réalisé par M. Ainsworth.

320 *Court of Appeal* (Jacob LJ), Lucasfilm *c.* Ainsworth, [2009] EWCA Civ 1328.

321 *UK Supreme Court*, [2011], UKSC 39.

322 *Lamellen und Kupplungsbau Beteiligungs.*

des amortisseurs pour automobiles, avait assigné la société – également de droit allemand – *GAT*[323] devant le *Landgericht* de Düsseldorf pour contrefaçon de deux de ses brevets français. Pour sa défense, *GAT* invoquait – très classiquement – l'absence de contrefaçon ainsi que, à titre subsidiaire, la nullité des brevets litigieux, argumentation de nature à mettre en cause la compétence internationale du juge allemand. Il a dès lors été demandé à la CJCE de dire si la compétence exclusive imposée par le droit européen s'appliquait, non seulement aux litiges dans lesquels la question de l'inscription ou de la validité d'un brevet est soulevée par voie d'action, mais également à ceux dans lesquels la question est soulevée par voie d'exception. La réponse de la Cour[324] est claire : le régime institué « concerne tous les litiges portant sur l'inscription ou la validité d'un brevet, que la question soit soulevée par voie d'action ou d'exception ». Cette décision, tenant au « *souci d'une bonne administration de la justice* »[325], s'appuie tout à la fois sur :

- le fait que, eu égard à la spécificité du droit des brevets, nombre de pays européens ont réservé « *ce contentieux à des tribunaux spécialisés* »[326] ;
- « *le fait que la délivrance des brevets implique l'intervention de l'administration nationale* »[327].

La solution de l'arrêt *GAT* va rapidement recevoir une consécration législative : en matière d'inscription ou de validité des titres de propriété industrielle, l'art. 22, §4 de la nouvelle version de la Convention de Lugano (2007), puis l'art. 24, §4 du règlement « Bruxelles 1 *bis* » imposent désormais le régime de compétence exclusive, « *que la question soit soulevée par voie d'action ou d'exception* ».

---

323 *Gesellschaft für Antriebstechnik.*

324 CJCE, 13 juill. 2006, soc. GAT *c.* LuK, aff. C-4/03.

325 Point 22.

326 *Ibid.*

327 Point 23.

Reste cependant posée la question de l'attitude que devrait adopter une juridiction saisie d'une action en contrefaçon d'un titre de propriété industrielle déposé ou enregistré à l'étranger dès lors que, en cours de procédure, le défendeur invoque, au soutien de sa cause, la nullité du titre litigieux ?

- En dépit de propositions doctrinales en ce sens[328], doit, en premier lieu, être écartée la solution – la plus « radicale »[329] – consistant, pour une telle juridiction, à refuser *ab initio* de connaître d'une action en contrefaçon d'un titre étranger à raison du risque que le défendeur invoque la nullité de ce titre : il résulte en effet de la jurisprudence de la Cour européenne[330] qu'une juridiction ne peut refuser sa compétence en qualité de *for* du défendeur au profit d'une autre juridiction qu'elle estimerait mieux placée pour connaître de l'affaire.

- Poserait également difficulté la solution consistant à subordonner la compétence d'une juridiction pour connaître d'une action en contrefaçon d'un titre étranger à l'absence d'évocation, en cours d'instance, d'une question d'inscription ou de validité du titre[331] : une telle solution heurte en effet le principe, de droit processuel, de perpétuation du *for*[332] aux termes duquel la compétence d'une juridiction, qui s'apprécie au moment de l'introduction de l'instance, ne saurait être remise en cause par des événements postérieurs[333].

---

328 OSTERTAG et SCHRAMM cités par M. PERTEGÀS SENDER, *Cross-Border Enforcement of Patent Rights, An Analysis of the Interface between Intellectual Property and Private International Law*, Oxford University Press, 2002, pt 4.38, p. 162.

329 V. A. KUR & Th. DREIER, *European Intellectual Property Law, Text, Cases & Materials*, *op. cit.*, p. 503.

330 V. CJCE, 1er mars 2005, Owusu *c.* Jackson, aff. C-281/02.

331 V. KUR & DREIER, *ibid.*

332 Également appelé principe du *forum perpetuum* ou de la *perpetuatio fori.*

333 Par ex. le déménagement du défendeur dans le *for* d'une autre juridiction ou l'arrivée à échéance du titre de compétence.

D'où la suggestion[334] d'admettre la compétence internationale des juridictions en matière de contrefaçon transfrontalière dans la limite des questions d'inscription ou de validité des titres, lesquelles seraient seules – sauf mauvaise foi du défendeur – portées devant le juge du pays étranger concerné, au moyen, le cas échéant, d'un sursis à statuer de l'action en contrefaçon préalablement introduite. Il se trouve précisément qu'en 2006, une telle démarche a été retenue, en matière de marques, par le tribunal de commerce de Zurich[335] saisi d'une action en contrefaçon de marque communautaire. Le défendeur, un résident suisse, ayant soulevé la nullité de la marque, le juge lui a laissé six semaines pour saisir l'Office européen des marques d'une demande de nullité du titre, faute de quoi, la procédure initiale reprendrait sans que le défendeur puisse invoquer cette nullité.

---

334 V. not. J.J. FAWCETT & P. TORREMANS, *Intellectual Property and Private International Law*, 2ème éd., Oxford University Press, 2011, p. 362. Cette solution était également préconisée par l'Avocat général L.A. GEELHOED dans ses conclusions pour l'aff. *GAT*, Rec. 2006, p. I-6509, point 46.

335 *Handelsgricht* de Zurich, 23 oct. 2006, Eurojobs Personaldienstleistungen SA *c.* Eurojob AG, HG 050410 (confirmé par le Tribunal fédéral suisse, le 4 avril 2007, I. *Zivilabteilung* 4C.439/2006).

Les conflits de lois en matière de contrefaçon : une introduction[336]

François-Xavier LICARI

Dans cette esquisse des solutions en droit positif, je ne traiterai que de la contrefaçon au sens strict en matière de propriété intellectuelle. Il s'agit de l'atteinte à un droit privatif de propriété industrielle (brevet, marque, dessin ou modèle, obtention végétale) ou de propriété littéraire ou artistique (droit d'auteur et droits voisins). Une telle atteinte est sanctionnée par une action en contrefaçon[337]. Cette action en contrefaçon doit être distinguée de l'action en concurrence déloyale qui, elle, a en principe pour objet de protéger quelqu'un qui n'est pas titulaire d'un droit privatif (par exemple le concepteur d'un savoir-faire ou « *know-how* »). La contrefaçon fait aussi l'objet de sanctions pénales, mais je me focaliserai sur les aspects civils de celle-ci.

Pour commencer, il faut évoquer quelques principes qui guident le droit international privé de la contrefaçon[338]. En droit international privé, la contrefaçon relève du statut des délits civils. Le premier principe est celui de la territorialité[339]. Il faut distinguer[2] entre les droits qui nécessitent un enregistrement pour exister et les autres. Pour ceux qui nécessitent une inscription sur un registre public (brevets, marques, par ex.), la territorialité se manifeste par une

336 Le style oral de l'intervention a été conservé.

337 H. Gaudemet-Tallon, Droit international privé de la contrefaçon – Aspects actuels, *D.* 2008, p. 735

338 V. H. Gaudemet-Tallon, préc.

339 Sur cette question complexe, v. B. Vanbrabant et P. Wautelet, Territorialité et droit international privé, in *20 ans de nouveau droit d'auteur*, Anthemis, 2015, pp. 327-381 ; P. Berlioz, Territorialité et propriété intellectuelle, *RJcom.* 2014, p. 116 ; J.-S. Bergé, *La protection internationale et communautaire du droit d'auteur - Essai d'une analyse conflictuelle*, LGDJ, 1996

compétence prépondérante de l'ordre juridique de l'Etat qui administre ce registre ; pour les autres cas, la territorialité se manifeste par la compétence prépondérante de l'ordre juridique pour lequel la protection est réclamée. Autre principe directeur : puisque l'action en contrefaçon est rattachée au statut des délits, la loi applicable devrait en principe être la *lex loci delicti*[340].

Il faudra bien sûr expliquer et nuancer. En cas de litige, le travail du praticien est de déterminer la loi applicable. Pour ce faire il faut préalablement identifier quelle est la règle de conflits. Or la tâche n'est pas aisée, car il existe trois corps de règles en concours. Il convient donc de bien délimiter leurs champs d'application respectifs (I). Une fois ces champs d'application délimités, il conviendra de s'intéresser aux solutions retenues par chacun de ces corps de règle (II).

I. Trois règles de conflit en concours

Dans le domaine du droit international privé de la contrefaçon, il faut distinguer le droit commun français (A), le droit conventionnel (B) et le droit de l'Union européenne (C).

A) Le droit commun français

Le droit commun français s'applique à défaut de l'applicabilité de règles spéciales. Il s'applique donc lorsque ni le droit conventionnel ni le droit de l'Union européenne n'est applicable. Aujourd'hui, la situation est assez marginale vu le succès des instruments conventionnels que sont la Convention de Berne et de la Convention de Paris. La Convention de Paris du 20 mars 1883 pour la protection de la propriété industrielle compte en effet 176 pays adhérents à ce jour. La Convention de Berne du 9 septembre 1886 pour la protection des œuvres littéraires et artistiques en compte 172. Pour mémoire, l'ONU reconnaît 197 Etats dans le monde. Le droit

---

[340] D. Bureau & H. Muir Watt, Droit international privé, Tome II, 3ème éd., 2014, n° 980 et s.

commun français est purement jurisprudentiel. Nous étudierons sa substance dans la seconde partie.

Autant dire que le droit commun est quantitativement marginal. On verra un peu plus loin quelles sont les conditions exactes d'application de ces conventions.

B) Le droit conventionnel

Le droit conventionnel est essentiellement constitué par les deux conventions que je viens de mentionner, celles de Paris et de Berne. Ces deux conventions sont administrées par l'Organisation Mondiale de la Propriété Industrielle (OMPI)[341]. J'ai dit leur succès déjà, ce qui signifie que concrètement, ce sont elles qui ont constitué le vrai droit commun en la matière jusqu'à l'entrée en vigueur de normes européennes. Voyons l'architecture de ces conventions.

1°) La Convention de Paris

Les 176 parties contractantes sont regroupées en Union. La Convention de Paris présente certes un système sophistiqué de protection, mais il n'est pas évident qu'il faille y voir une source de DIP de la contrefaçon. La question de savoir si elle contient une disposition concernant les conflits de lois est âprement débattue.

Ceux qui soutiennent que la Convention de Paris recèle une règle de conflit de lois invoquent l'article 2 1°) : « *Les ressortissants de chacun des pays de l'Union jouiront dans tous les autres pays de l'Union, en ce qui concerne la protection de la propriété industrielle, des avantages que les lois respectives accordent actuellement ou accorderont par la suite aux nationaux (…). En conséquence, ils auront la même protection que ceux-ci et le même recours légal contre toute atteinte portée à leurs droits (…)* ». Il s'agit de l'énonciation de l'un des trois principes fondamentaux de cette Convention de Paris, le principe de traitement national des unionistes. Cette règle

341 http://www.wipo.int/portal/fr/

n'est cependant pas une règle de conflit de lois, mais une règle de *condition des étrangers*.

Certains auteurs invoquent aussi les articles 4 bis et 6 3°) de la Convention pour soutenir l'existence d'une règle de conflit de lois. Ces articles forment un des autres piliers de la Convention de Paris : les brevets délivrés dans différents États contractants pour la même invention sont indépendants les uns des autres : cela signifie que le fait qu'un État contractant délivre un brevet ou une marque ne contraint pas les autres États contractants à en délivrer un ; un brevet ou une marque ne peut être refusé, annulé ou révoqué dans un État contractant en raison de son refus, de son annulation ou de son expiration dans un autre État contractant. Cette règle ne permet toutefois pas d'identifier la loi applicable en cas d'atteinte au brevet ou à la marque.

Dans le domaine de la propriété industrielle, il n'y a donc en réalité que deux sources possibles de règlement des conflits de lois : le droit commun ou le droit de l'Union européenne. Il faudra donc voir quelle est l'articulation entre ces deux sources. Nous verrons lorsque nous aborderons le droit de l'UE.

2°) La Convention de Berne

La Convention de Berne repose sur trois principes fondamentaux :

1. Les œuvres ayant pour pays d'origine l'un des États contractants (c'est-à-dire dont l'auteur est un ressortissant d'un tel État ou qui ont été publiées pour la première fois dans un tel État) doivent bénéficier dans chacun des autres États contractants de la même protection que celle qui est

accordée par lui aux œuvres de ses propres nationaux (principe du « *traitement national* »)[342].

2. La protection ne doit être subordonnée à l'accomplissement d'aucune formalité (principe de la « *protection automatique* »).

3. La protection est indépendante de l'existence de la protection dans le pays d'origine de l'œuvre (principe d'« *indépendance* » de la protection). Toutefois, si un État contractant prévoit une durée de protection plus longue que le minimum prescrit par la convention et si l'œuvre cesse d'être protégée dans le pays d'origine, la protection peut être refusée une fois que la protection a cessé dans le pays d'origine.

Toutefois, et c'est une difficulté que nous devons résoudre immédiatement, les auteurs divergent quand il s'agit de déterminer si cette convention pose une réelle règle de conflit de lois. Le siège de la matière est l'article 5 de la Convention de Berne. L'article 5 1°) énonce ce que l'on appelle en DIP une règle de condition des étrangers. C'est ce qu'a clairement exprimé la CJCE dans son arrêt Tod's[343].

Pour certains, la règle de conflit se trouverait dans l'article 5 2°) dont la rédaction est ambiguë : « *La jouissance et l'exercice de ces droits ne sont subordonnés à aucune formalité ; cette jouissance et cet exercice sont indépendants de l'existence de la protection dans le pays d'origine de l'œuvre. Par suite, en dehors des stipulations de la présente Convention, l'étendue de la protection ainsi que les moyens de recours*

---

342 E. Bouchet, *Le traitement national dans la Convention de Berne*, Mémoire de DEA, Université de Nantes, 2004, 54 p., www.archive.bu.univ-nantes.fr

343 CJCE, n° C-28/04, 30 juin 2005, Tod's SpA et Tod's France SARL contre Heyraud SA, ECLI:EU:C:2005:418 : « En effet, ainsi qu'il ressort de l'article 5, paragraphe 1, de la convention de Berne, celle-ci n'a pas pour objet de déterminer la loi applicable en matière de protection des œuvres littéraires et artistiques, mais elle instaure, en tant que règle générale, un système de traitement national des droits afférents à celles-ci. » (point 32).

garantis à l'auteur pour sauvegarder ses droits se règlent exclusivement d'après la législation du pays où la protection est réclamée ». En France, la doctrine majoritaire considère qu'il s'agit bien d'une règle de conflit. Le guide de l'OMPI va dans le même sens. Tel n'est pas le cas de certains auteurs étrangers. Selon eux, l'article 5 2°) ne serait qu'une continuation de l'article 5 1°). Le 2°) qui vise la jouissance et l'exercice du droit d'auteur, prolongerait seulement le principe de traitement national. Ils font de plus remarquer que l'expression « *législation du pays où la protection est réclamée* » est ambiguë et semble renvoyer à la *lex fori*. Le rattachement à la *lex fori* favorise le *forum shopping*, ce qui n'est évidemment pas souhaitable. Puisque cette journée d'études se veut essentiellement pratique, il faut bien entendu étudier la position de la Cour de cassation. Celle-ci juge explicitement et de manière constante que l'article 5 2°) s'analyse en une règle de conflit. Dans la deuxième partie de cet exposé, nous verrons comment la Cour de cassation interprète « *l'expression législation du pays où la protection est réclamée* ».

Reste alors à déterminer la place du droit communautaire.

C) Le droit de l'Union : le règlement « *Rome II* »

La source pertinente en droit de l'Union Européenne est le règlement Rome II. Ce règlement en date du 11 juillet 2007 est entré en vigueur le 11 juillet 2009 (art. 32). Son article 8[344] est consacré à la loi applicable à une atteinte à une atteinte aux

---

Article 8 Atteinte aux droits de propriété intellectuelle :

1. La loi applicable à une obligation non contractuelle résultant d'une atteinte à un droit de propriété intellectuelle est celle du pays pour lequel la protection est revendiquée.
2. En cas d'obligation non contractuelle résultant d'une atteinte à un droit de propriété intellectuelle communautaire à caractère unitaire, la loi applicable à toute question qui n'est pas régie par l'instrument communautaire pertinent est la loi du pays dans lequel il a été porté atteinte à ce droit.
3. Il ne peut être dérogé à la loi applicable en vertu du présent article par un accord tel que mentionné à l'article 14.

droits de propriété intellectuelle[345]. Puisque le règlement Rome II a un caractère universel (art. 3), il est devenu le droit international privé français commun. Toutefois il faut distinguer selon que les Etats de l'UE sont partie ou non à une convention internationale réglant la même question. Dans le premier cas, le droit de l'UE s'applique évidemment. Tel est le cas en matière de propriété industrielle, puisque nous avons vu que la Convention de Paris ne contient aucune disposition de droit international privé. Pour le second cas, lorsqu'un Etat membre est partie à une convention internationale, Rome 2 contient une disposition réglant ce conflit de sources. L'article 28 du Règlement Rome II dispose en effet : « *le présent règlement n'affecte pas l'application des conventions internationales auxquelles un ou plusieurs états membres sont parties lors de l'adoption du présent règlement et qui règlent les conflits de lois en matière d'obligations non contractuelles* ». La Convention de Berne l'emporte donc sur les dispositions de l'article 8. Cependant, certains auteurs[346] prônent la solution contraire en s'appuyant sur l'article 29 du Règlement Rome II :

« *Liste des conventions* »

1. Au plus tard le 11 juillet 2008, les États membres communiquent à la Commission les conventions visées à l'article 28, paragraphe 1. Après cette date, les États membres communiquent à la Commission toute dénonciation de ces conventions.

---

345 Pour un commentaire de la norme, v. E. Treppoz, La *lex protectionis* et l'article 8 du règlement Rome II, D. 2009, p. 1643 ; H. Schack, The Law Applicable to Unregistered IP Rights after Rome II, R.L.R. 2009, p. 129 ; D. Van Engelen, Rome II and intellectual property rights : Choice of law brought to a standstill, NIPR 2008, p. 440; N. Boschiero, Infringement of Intellectual Property Rights – A Commentary on Article 8 of the Rome II Regulation, *Yearbook of Private International Law*, Volume 9, 2007, p. 87

346 T. Azzi & E. Treppoz, Contrefaçon et conflits de lois, quelques remarques sur la liste des conventions internationales censées primer le règlement Rome II, *D.* 2011, p. 1293.

2. Dans un délai de six mois après leur réception, la Commission publie au Journal officiel de l'Union européenne :

i) la liste des conventions visées au paragraphe 1 ;

ii) les dénonciations visées au paragraphe 1.

Comme la France n'a pas indiqué la Convention de Berne, ces auteurs considèrent que l'article 8 s'applique. C'est une interprétation douteuse de l'article 29. C'est lui donner une portée constitutive en quelque sorte, affirmer que toutes les conventions non notifiées sont considérées comme non avenues. Ce n'est certainement pas la portée de la publication de la liste des conventions[347]. Comme cela est écrit dans le considérant 36 du règlement, cette publication n'a qu'une portée informative « *[...] Afin de rendre les règles en vigueur en la matière plus accessibles, la commission devrait publier la liste des conventions concernées au JOUE, en se fondant sur les informations transmises par les Etats membres* ».

II) L'application des règles de conflits

A) La règle de droit commun

Selon l'opinion partagée par la majorité des auteurs,[348] le droit commun reposerait sur le grand arrêt « Chant du monde » rendu par la Cour de cassation en 1959[349]. Cet arrêt qui concernait la propriété littéraire et artistique. Il consacrait une conception dite « *mixte* » : la loi du pays d'origine de l'œuvre détermine l'existence de la protection, la titularité du droit si l'on préfère, tandis qu'il revient à la loi où la protection est demandée d'en fixer le contenu. Ce n'est pas le lieu ici de se prononcer sur la justesse de l'interprétation qui avait été

---

347 V. par ex. : G. Garriga, Other International Instruments – A Commentary on Article 28 of the Rome II Regulation, *Yearbook of Private International Law*, Volume 9, 2007, p. 137.

348 V. par ex. Bureau & Muir Watt, op. cit., n° 675

349 Cass. civ. 22 décembre 1959, D. 1960, p. 93, n. G. Holleaux ; *Rev. crit. DIP* 1960, p. 361, n. F. Terré ; *JDI* 1961, p. 420, n. B. Goldman

donnée de cet arrêt. Je me contenterai de relever que cette jurisprudence est dépassée. En 2013, la Cour de cassation s'est prononcée sur la question de la loi applicable à la détermination du titulaire initial des droits voisins et, dans le prolongement d'un précédent arrêt de 2003[350] qui, déjà, avait fait application de la loi française en tant que loi du pays de protection, a énoncé que « *la règle de conflit de lois applicable à la détermination du titulaire initial des droits d'artiste interprète désigne la loi du pays où la protection est réclamée* »[351]. J'y reviendrai, mais il convient de relever tout de suite que l'expression « *loi du pays où la protection est réclamée* » ne désigne pas la *lex fori*, comme on pourrait le penser, mais la loi du pays où l'atteinte a été commise. On peut approuver sans réserve cette nouvelle solution. En premier lieu, cette approche désormais unitaire a le mérite de la simplicité et toute simplification, dans un domaine aussi complexe que le nôtre, doit être approuvée. De plus, comme on va le voir tout de suite, le voir, cette solution issue de l'arrêt de 2013 a l'avantage d'aligner le droit commun sur l'interprétation que retient la Cour de cassation de l'article 5-2 de la Convention de Berne.

Venons-en justement à la Convention de Berne.

B) La Convention de Berne, art. 5 2°)

On l'a vu, l'article 5 2°) de la Convention de Berne a vocation à s'appliquer à la contrefaçon, puisqu'il dispose que « *l'étendue de la protection, ainsi que les moyens de recours garantis à l'auteur pour sauvegarder ses droits se règlent exclusivement d'après la législation où la protection est demandée* ». La doctrine et la jurisprudence se sont divisées sur le champ d'application exacte de cette règle de conflit. Cet article réglait-il seulement la question de l'atteinte aux droits, ou bien aussi celle de la

---

350 Cass. civ. 1ère, 9 décembre 2003, Bull. civ., I, 2003, I, n° 248

351 Cass. civ., 19 juin 2013, *Bull. civ.*, I, 2013, I, n° 128 ; *RJcom.* 2014, p. 129, n. P. Berlioz

titularité ? Un courant doctrinal a considéré que la question de l'existence et de la titularité n'était pas réglée par l'article 5 2°). Il considère que la titularité et l'existence relèvent de la loi du pays d'origine de l'œuvre. Cette position a été consacrée par la Cour d'appel de Paris dans un arrêt de 1991[352]. Elle y a jugé qu'en l'absence de toute indication donnée par la Convention de Berne sur la loi applicable aux bénéficiaires des droits, il convenait d'appliquer le droit commun qui prévoit l'application de la loi du pays d'origine. La Cour d'appel de Paris a fait application de la jurisprudence « *Chant du monde* » évoquée plus haut.

Un second courant doctrinal estimait qu'il fallait intégrer la question de l'existence de la protection dans l'article 5.2. Il soutient d'une part qu'il faut évincer la *lex originis* et d'autre part qu'il faut appliquer la loi du pays où la protection est réclamée à toutes les questions relevant de l'article 5.2. C'est cette dernière opinion qui a été retenue par la Cour de cassation. Depuis trois arrêts du 10 avril 2013[353], la Cour de cassation retient une interprétation unitaire de l'article 5.2 en jugeant que la règle de conflit de lois désignant la loi du pays où la protection est réclamée est applicable tant à la détermination du titulaire initial des droits d'auteur sur une œuvre de l'esprit que son contenu. L'avantage de cette interprétation est d'assurer une cohérence de traitement des différentes questions relatives à une telle œuvre. L'inconvénient est d'aboutir à un traitement différencié de l'œuvre en fonction du lieu où la protection est réclamée. Un arrêt de la chambre commerciale de la Cour de cassation en date du 7

352 CA Paris, ch. 4, sect. B, 14 mars 1991, « Almax International », JCP 1992, II, 21780

353 Cass. civ. 1ère, 10 avr. 2013, Bull. civ., I, n° 68, RJcom. 2014, p. 127 ; T. Azzi, La loi applicable à la titularité initiale des droits de propriété littéraire et artistique, D. 2013, p. 2004 ;

octobre 2014 est venu confirmer cette solution[354]. Cette confirmation n'est pas le seul intérêt de cet arrêt. Celui-ci se prononce également sur la détermination du lieu où la protection est demandée. D'après une jurisprudence constante, « *la législation du pays où la protection est réclamée, n'est pas celle du pays où le dommage est subi, mais celle de l'Etat sur le territoire duquel se sont produits les agissements délictueux, l'obligation à réparation n'étant que la conséquence éventuelle de ceux-ci* ». Mais encore faut-il déterminer exactement en quoi consistent ces actes délictueux afin de pouvoir les localiser. Dans l'espèce de 2014, les juges du fond avaient retenu les lieux où s'étaient produits les actes d'importation et de proposition à la vente des produits contrefaisants. Le demandeur au pourvoi critiquait cette solution, en affirmant que devait être pris en compte le lieu de fabrication de ces produits. La Cour de cassation approuve cependant les juges du fond. Cela revient à se demander s'il existe une définition de la contrefaçon en droit international privé. On remarquera tout d'abord que si la Convention de Berne traite de la saisie des *œuvres contrefaites* (art. 16), elle ne les définit pas. La Convention de Paris n'offre pas non plus de définition. En revanche, Le Code de la propriété intellectuelle en donne une définition dans son article L. 122-4 : « *Toute représentation ou reproduction intégrale ou partielle faite sans le consentement de l'auteur ou de ses ayants droit ou ayants cause est illicite. Il en est de même pour la traduction, l'adaptation ou la transformation, l'arrangement ou la reproduction par un art ou un procédé quelconque* ».

Au regard de ce texte, il est permis d'affirmer que les agissements illicites consistent bien dans la fabrication du produit contrefaisant, voire même dans sa conception, car ce sont bien des actes qui reproduisent l'œuvre protégée. Sur ce sujet, la Cour de cassation ne fait pas preuve d'une grande

---

354 Cass. com. 7 oct. 2014, Bull. civ., IV, n° 146; RJ com. 2015, p. 179, n. P. Berlioz

constance, c'est le moins que l'on puisse dire. Dans un arrêt de 2007, le lieu retenu pour identifier les agissements litigieux était celui de la conception, de la réalisation et de diffusion du film contrefaisant ainsi que l'édition du roman contrefaisant[355]. Cependant, dans l'arrêt Google Image, elle a retenu le lieu de diffusion des images contrefaisantes[356]. Et dans un arrêt du 19 juin 2013[357], le lieu des agissements pris en compte était celui de la fabrication ou de la commercialisation en France des enregistrements litigieux. Bien sûr, cela montre une grande incertitude de la jurisprudence. Cela montre aussi que malgré ce qu'elle affirme, la Cour de cassation ne prend pas seulement en compte le lieu du fait générateur, mais aussi le lieu de réalisation du dommage.

[355] Cass civ. 1ère, 30 janv. 2007, *Bull. civ.*, I, n° 44
[356] Cass. civ. 1ère, 12 juil. 2012, *Bull. civ.*, I, n° 162
[357] Cass. civ. 1ère, 19 juin 2013, *Bull. civ.*, I, n° 128

Contrefaçon sur internet, conflit de juridictions, conflit de lois

Patrick TAFFOREAU

C'est devenu un lieu commun de dire que les réseaux numériques facilitent grandement l'utilisation des divers objets protégés par un droit de propriété intellectuelle. Leur ubiquité, déjà très marquée avant internet en raison de leur immatérialité, n'a fait que s'accroître démesurément. Or, leur circulation est loin d'être toujours licite. Les contrefaçons sont légion sur internet. Et cette notion revêt un ensemble de réalités fort variées. En effet, l'on doit qualifier ainsi *toute utilisation d'un objet protégé par la propriété intellectuelle sans l'autorisation du titulaire du droit, lorsque celle-ci est rendue obligatoire par le Droit positif.*

La contrefaçon s'applique donc aussi bien aux deux volets de la propriété intellectuelle. En premier lieu, la propriété littéraire et artistique, comprenant le droit d'auteur et ses droits voisins : ceux dévolus aux artistes-interprètes, aux producteurs de phonogrammes ou de vidéogrammes et aux entreprises de communication audiovisuelle ; auxquels on doit ajouter le droit *sui generis* sur les bases de données – qui est un droit voisin innommé. En second lieu, la propriété industrielle, composée principalement des droits sur les dessins et modèles, les brevets et les marques.

Ainsi constituent des contrefaçons de nombreux actes accomplis sans autorisation, tels la diffusion d'un film sur internet, le fait de poster sur internet (par téléchargement ascendant[358]) un album de musique, le fait de reproduire à partir d'un site *web* (téléchargement descendant[359]) un logiciel de *peer-to-peer*, l'imitation d'une marque pour des produits

358 *Uploading.*
359 *Downloading.*

identiques ou similaires aux originaux sur un site. Ces diverses utilisations ont une portée mondiale puisque le réseau des réseaux est accessible depuis n'importe quel point de la planète, dès lors que l'on est équipé d'un ordinateur, sous toutes ses formes possibles : fixe, portable, tablette, smartphone. Il est donc possible et même courant que plusieurs Etats soient concernés par une atteinte à un droit de propriété intellectuelle. Dès lors, quand le titulaire d'un tel droit entend agir en justice afin de faire sanctionner l'atteinte commise, deux des grandes questions de droit international privé se posent :

- Quelle juridiction doit-il saisir ?
- Quelle loi le juge appliquera-t-il ?

Or, trois grandes catégories de sources du Droit régissent le droit de la propriété intellectuelle : les règles internationales, les règles européennes et les règles nationales. Ce sont les règles nationales et européennes de droit international privé que nous allons examiner : le conflit de juridiction et le conflit de lois. Ces règles diffèrent selon que la situation relève du droit pénal ou des droits civil et commercial. En matière pénale, la compétence juridictionnelle et la compétence législative sont généralement liées. Comme l'écrit le Professeur Jean-Sylvestre Bergé : « *sauf cas particulier (…), l'applicabilité de la loi française commande la compétence du juge pénal français pour l'appliquer* »[360]. Par conséquent, nous allons nous concentrer sur les domaines civil et commercial. Nous l'avons dit, les rapports entre les lois nationales sont gouvernés par des textes nationaux, européens et internationaux[361]. Notre étude sera limitée aux droits national et européen et portera seulement sur la contrefaçon en ligne ; ce qui est déjà

---

360 J.-S. Bergé, *La protection internationale et européenne du droit de la propriété intellectuelle*, Larcier, coll. « *Manuels Larcier* », 2015, n° 56, p. 70.

361 *Op. et loc. cit.*

beaucoup eu égard à la richesse et à la complexité de la matière.

La première partie sera consacrée au conflit de juridictions, la seconde au conflit de lois.

I. – La contrefaçon sur internet et le conflit de juridictions

La difficulté à déterminer la juridiction compétente vient du fait que *le délit de contrefaçon sur internet est un délit complexe* : « *ses deux éléments constitutifs* – l'événement causal ou fait générateur, d'une part, et le dommage, d'autre part – *se produisent dans des pays différents* »[362]. Sur internet, cette scission est particulièrement nette : un site édité par une première personne à partir d'un serveur situé dans un premier pays met en ligne des contenus protégés par la propriété intellectuelle – par exemple de la musique protégée par un droit d'auteur et par des droits voisins –, le site étant, par hypothèse, accessible depuis tous les pays du monde. Quel sera le juge compétent pour connaître des contrefaçons ?

Deux types de sources de droit peuvent être applicables : les *sources nationales* et les *sources européennes*. Les premières ont un rôle subsidiaire par rapport au droit de l'Union européenne. Cependant, elles demeurent applicables lorsque le droit de l'Union européenne n'est pas sollicité. Au niveau européen, le règlement n° 1215/2012/UE du Parlement européen et du Conseil, du 12 décembre 2012, dit règlement « *Bruxelles I bis* », concernant la compétence judiciaire, s'applique depuis le 10 janvier 2015, si l'une des deux conditions suivantes est remplie :

- Le défendeur est domicilié dans l'Union européenne (art. 4, § 1 du règlement) ;

---

362 T. Azzi, « La compétence judiciaire », *Propr. intell.* avr. 2015, n° 55, p. 177.

- Une compétence exclusive est reconnue à l'une des juridictions d'un État membre. Cette seconde condition est vérifiée lorsque la validité d'un titre national de propriété industrielle (brevet, marque, dessin ou modèle) est contestée : le juge compétent est alors celui de l'État qui a délivré le titre. Elle est également vérifiée lorsque les parties attribuent elles-mêmes compétence à un juge d'un État membre par une clause attributive de juridiction (art. 24, § 4, du règlement « *Bruxelles I bis* »).

Le règlement « *Bruxelles I bis* » et la jurisprudence de la Cour de justice de l'Union européenne (CJUE) attribuent compétence, au choix du demandeur, au *for* du domicile du défendeur, au *for* du fait générateur du délit ***ou*** à celui du centre des intérêts du demandeur. Mais la troisième branche de l'option a été rejetée par la CJUE en matière de propriété intellectuelle sur internet. Elle ne l'admet que pour une violation de droits de la personnalité. Comme on l'a très justement remarqué[363], le droit moral de l'auteur et celui de l'artiste-interprète ayant la nature de droits de la personnalité, il est possible que cette jurisprudence soit étendue à ces prérogatives intellectuelles.

Examinons successivement ces deux branches de l'option : *for* du domicile du défendeur ou *for* du fait générateur du délit.

1° *For* du domicile du défendeur

En principe, le demandeur doit poursuivre le prétendu contrefacteur devant le tribunal du domicile de celui-ci lorsqu'il est situé dans l'un des Etats membres de l'Union européenne (art. 4, § 1, du règl. « *Bruxelles I bis* »[364]). Le tribunal saisi dispose alors d'une *compétence globale*, c'est-à-dire qu'il connaît aussi bien du préjudice subi dans

---

363 T. Azzi, « La compétence judiciaire » : *Propr. intell.* avr. 2015, n° 55, *op. cit.*, p. 181.

364 « *Article 4 1. Sous réserve du présent règlement, les personnes domiciliées sur le territoire d'un État membre sont attraites, quelle que soit leur nationalité, devant les juridictions de cet État membre.* »

l'Etat membre dont il relève que du préjudice subi dans d'autres Etats.

2° *For* du fait générateur du délit

La Cour de justice admet, depuis l'arrêt « *Mines de potasse d'Alsace* », rendu le 30 novembre 1976[365], que, en cas de *délit complexe*, le demandeur peut également saisir le juge dans le ressort duquel s'est produit l'événement causal du délit, c'est-à-dire son *fait générateur*. Le juge dispose en ce cas d'une *compétence globale* lui permettant de se prononcer sur l'intégralité du préjudice allégué. Le choix ainsi donné au demandeur à l'instance en contrefaçon a été confirmé par trois arrêts rendus par la CJCE : « *Fiona Shevill* » en 1995[366], « *eDate Advertising* » et « *Martinez* » (affaires jointes), en 2011[367].

Mais, sur internet, où se situe ce fait générateur ? La CJUE opte pour le lieu où a été prise la décision de mise en ligne de l'objet protégé par un droit de propriété intellectuelle ; ce qui revient le plus souvent à attraire le prétendu contrefacteur devant le juge de son domicile ou siège social.

Ainsi, en matière de marques reproduites sur internet, la CJUE, dans un arrêt « *Wintersteiger* », rendu le 19 avril 2012[368], a considéré que le juge compétent était celui du *lieu où est établie la personne qui a pris la décision de mettre en ligne le contenu litigieux*[369]. En l'espèce, une société autrichienne exploitant une marque *Wintersteiger*, enregistrée dans son pays pour des machines d'entretien de skis, avait constaté que sa marque apparaissait

---

365 CJCE, 30 nov. 1976, aff. C-21/76, « *Mines de potasse d'Alsace* ».

366 CJCE, 7 mars 1995, aff. C-68/93, « *Fiona Shevill* ».

367 CJUE, 25 oct. 2011, aff. jointes C-509/09 (« *eDate advertising* ») et C-161/10 (« *Martinez* »).

368 CJUE, 19 avr. 2012, *Wintersteiger AG c/ Products 4U SondermaschinenbauGmbH*, aff. C-523/10 : *Les grands arrêts de la propriété intellectuelle*, Dalloz, 2e éd., 2015, ss dir. M. Vivant, n° 14, obs. T. Azzi, p. 204 et s.

369 Et non pas le tribunal du lieu où se situe le serveur ayant « *injecté* » le contenu litigieux.

comme résultat d'une recherche sur le moteur de recherche *Google Adwords*, non pas pour identifier ses produits, mais comme annonce publicitaire en faveur d'un tiers, une entreprise allemande, dénommée *Products For U*. La société autrichienne considérait donc que sa marque était contrefaite. Aussi a-t-elle assigné la société allemande devant un tribunal autrichien.

La CJUE a considéré que le *for* du fait générateur pouvait être saisi et qu'il fallait ainsi entendre celui du lieu d'établissement de l'annonceur, en l'espèce, l'Allemagne. Toutefois, elle a également permis au titulaire de la marque de saisir le tribunal de l'Etat membre dans lequel sa marque est enregistrée.

Cependant, dans le cas d'un *délit complexe*, la jurisprudence décide que la victime a également le loisir de saisir le *juge du lieu où se produit le dommage*[370]. Le juge ne dispose alors que d'une *compétence locale*, c'est-à-dire qu'il ne peut connaître que du préjudice sur le territoire de l'Etat dont il relève. Mais, sur internet, quel est donc ce lieu où se produit le dommage ? Les arrêts de la CJUE « *Pinckney* »[371] et « *Pez Hejduk* »[372] répondent à cette question. Selon les juges de Luxembourg, *le demandeur peut saisir le juge de tout Etat membre depuis lequel le contenu litigieux est accessible.* Ce critère de l'accessibilité présente un défaut majeur : celui de contraindre la victime de la contrefaçon à

---

370 Depuis CJCE, 30 nov. 1976, aff. C-21/76, « *Mines de potasse d'Alsace* », préc.

371 CJUE, 3 oct. 2013, aff. C-170/12, « Pinckney » : *Les grands arrêts de la propriété intellectuelle*, *op. cit.*, n° 14, p. 206 et s., obs. T. Azzi : chansons de l'auteur-compositeur-interprète Peter Pinckney, domicilié en France – CD pressés en Autriche sans son autorisation – Vente des CD *via* un site internet situé au Royaume-Uni et exploité par une société britannique. L'artiste pouvait saisir les tribunaux français en tant que le dommage a été subi en France car le site y était *accessible*.

372 CJUE, 22 janv. 2015, aff. C-441/13, « *Pez Hejduk* » : *Europe* 2015, comm. 132, obs. L. Idot ; *JCP* G 2015, 421, note M. Attal ; *RTD com.* 2015, p. 179, obs. A. Marmisse-d'Abadie d'Arrast.

saisir un grand nombre de tribunaux si elle veut se faire indemniser de la plus grande partie possible du dommage. En effet, on a dit que, dans le cas où c'est le juge du lieu où se produit le dommage qui est saisi, celui-ci n'a qu'une compétence locale. De plus, sur internet, le critère d'accessibilité débouche fatalement – techniquement – sur une compétence multiple de tous les tribunaux du monde. Car, techniquement, tous les sites sont accessibles depuis n'importe quel point de la planète[373]. Le demandeur aura donc tendance à saisir les juridictions les plus généreuses en matière d'indemnisation de la victime d'une contrefaçon en ligne : il y a un risque de *forum shopping*[374]. Cependant, il faut reconnaître que les sites internet, s'ils sont de fait ou techniquement *accessibles* de partout, ne sont que rarement *dirigés* vers tous les pays sans distinction. Il y aura généralement un ou quelques Etats dans lesquels le dommage est le plus sévèrement ressenti et la victime pourra se tourner vers eux.

Enfin, le critère de l'*accessibilité* est distingué de celui de la *focalisation.* Ce dernier consiste à réunir un *faisceau d'indices* qui établissent qu'un contenu mis en ligne est volontairement destiné au public ou à la clientèle d'un pays donné. Iraient en ce sens de la focalisation : l'identifiant national d'un nom de domaine (par ex. en .fr pour le public français et/ou francophone) ; la monnaie de paiement prévue pour l'achat de biens ; l'indication du pays dans lequel ils peuvent être livrés ; la publicité apparaissant sur le site, laquelle peut porter sur des produits ou services spécialement proposés dans un ou

---

373 En ce sens, V., not., T. Azzi in *Propr. intell.* n° 55, *op. cit.*, p. 181.

374 *Forum shopping* : « [Fait de] choisir un tribunal comme on choisit d'entrer dans une boutique pour faire ses emplettes – possibilité qu'offre à un demandeur la diversité des règles de compétence internationale de saisir les tribunaux du pays appelé à rendre la décision la plus favorable à ses intérêts » (*Vocab. jur.* ss dir. G. Cornu, V° « *Forum* ». Election de juridiction en fonction des avantages qu'on en attend.

quelques pays précis. Le critère de la focalisation a été clairement rejeté en jurisprudence[375].

Une fois le juge compétent saisi, encore faut-il déterminer quelle loi nationale ou de l'Union européenne il devra ou pourra appliquer.

II. – La contrefaçon sur internet et le conflit de lois

En matière de conflit de lois, les conventions internationales et le droit de l'Union européenne sont en harmonie. Ainsi, en droit d'auteur, la Convention de Berne, art. 5, § 2, stipule que « *l'étendue de la protection ainsi que les moyens de recours garantis à l'auteur pour sauvegarder ses droits se règlent exclusivement d'après la législation du pays où la protection est réclamée* ». Au niveau de l'Union européenne, le règlement dit « *Rome II* » (règlement n° 864/2007/CE du Parlement européen et du Conseil du 11 juillet 2007 sur la loi applicable aux obligations non contractuelles) attribue également compétence législative au « *pays pour lequel la protection est revendiquée* » (art. 8, § 1)[376]. C'est-à-dire la *lex loci protectionis* ou loi où la protection est réclamée. Et la jurisprudence applique le *critère de la focalisation* – pourtant rejeté pour déterminer le tribunal compétent. Ce texte a été appliqué au droit d'auteur et au droit des marques.

A. – Droit d'auteur

Dans l'affaire « *aufeminin.com* »[377], la Cour de cassation a ainsi approuvé la Cour d'appel de Paris (CA Paris, 4 févr. 2011)

---

375 CJUE, aff. jointes « *eDate Advertising* » et « *Martinez* », préc. (droits de la personnalité) ; aff. « *Wintersteiger* », préc. (marques) ; aff. « *Pinckney* », préc. et aff. « *Pez Hejduk* », préc. (droit d'auteur).

Règlement « *Rome II* », « *Article 8 - Atteinte aux droits de propriété intellectuelle*

1. La loi applicable à une obligation non contractuelle résultant d'une atteinte à un droit de propriété intellectuelle est celle du pays pour lequel la protection est revendiquée. »

377 Cass. civ. 1re, 12 juill. 2012, *X… et soc. H et K c/ Société Aufeminin.com, société Google Inc. et société Google France*, nos 11-15.165 et 11-15.188 : *Les*

d'avoir retenu la compétence de la loi française en relevant une série d'indices caractérisant un « *lien de rattachement substantiel avec la France* ».

Faits. – Une photographie du chanteur et acteur Patrick Bruel, prise à Marrakech par un photographe professionnel appartenant à une agence parisienne, avait été diffusée sur internet sans aucune autorisation, ni de l'artiste, ni du photographe, sur le site *aufeminin.com* et sur le site *Google images.* Le photographe et son agence ont assigné les sociétés Aufeminin.com, Google Inc. et Google France en contrefaçon. Google se défendait en invoquant la compétence de la loi américaine en raison du fait que ses serveurs informatiques étaient situés aux Etats-Unis d'Amérique.

Décision. – Cass. civ. 1re, 12 juill. 2012, *X… et soc. H et K c/ Société Aufeminin.com, société Google Inc. et société Google France*, nos 11-15.165 :

[Sur le premier moyen] « *Mais attendu que la cour d'appel a relevé, par motifs propres et adoptés, que la reproduction de la photographie litigieuse se trouvait sur le site accessible à l'adresse http://images.google.fr, que la société Google France était présentée comme le bureau français de la société Google Inc. à contacter et qu'elle exerçait une activité de fournitures de services, en des textes rédigés en français et destinés au public français ; que de l'appréciation souveraine de l'ensemble de ces éléments, elle a pu_déduire la participation directe et effective au fonctionnement du service gratuit d'indexation mis en œuvre par la société Google Inc. de la société Google France dont la responsabilité a été retenue pour n'avoir pas accompli les diligences nécessaires après les notifications qui lui avaient été faites par M. X... ; que le moyen ne peut être accueilli en aucune de ses branches ;* »

---

grands arrêts de la propriété intellectuelle, *op. cit.*, n° 14, obs. T. Azzi, spéc. p. 210 et s. Rappr. CJUE, 12 juill. 2011, aff. C-324/09, *L'oréal c/ eBay* ; CJUE, 21 juin 2012, aff. C-5/11, « Donner » et CJUE, 18 oct. 2012, aff. C-173/11 « Football Dataco ».

[Sur le second moyen] « *Mais attendu que l'arrêt retient que le litige porte sur le fonctionnement des services Google Images, en des textes rédigés en français, destinés au public français et accessibles sur le territoire national par les adresses* URL *en ".fr " et que le lieu de destination et de réception des services Google Images et de connexion à ceux-ci caractérisent un lien de rattachement substantiel avec la France ; qu'il en déduit exactement, conformément à l'article 5.2 de la Convention de Berne qui postule l'application de la loi de l'Etat où la protection est réclamée, que l'action introduite par M. X..., qui réclamait, en tant qu'auteur de la photographie, la protection de ses droits en France à la suite de la constatation en France de la diffusion en France, par un hébergeur français, la société Aufeminin.com, d'une photographie contrefaisante, mise en ligne pour le public français sur le site de Google Images par le service des sociétés Google Inc. et Google France, relevait de la loi française ; que le moyen n'est fondé en aucune de ses branches* ».

B. – Droit des marques

En droit des marques, la *lex loci protectionis* s'applique également. Cette compétence législative est fondée également sur le même article 8 du règlement « *Rome II* ». Le deuxième alinéa de ce texte prévoit, en outre, que la même solution s'impose pour les titres de propriété industrielle à effet unitaire, ce qui est le cas de la marque de l'Union européenne[378]. Pour une marque nationale, la jurisprudence française utilise le critère de la focalisation. Ainsi, dans une affaire « *Hugo Boss* », la société française titulaire de cette marque de vêtements et de parfums n'a pu obtenir auprès du juge français la liquidation d'une astreinte contre un site internet qui faisait usage de cette marque sans aucune autorisation. La Cour de cassation admet que les juges du

---

[378] Art. 8, § *2* : « *En cas d'obligation non contractuelle résultant d'une atteinte à un droit de propriété intellectuelle communautaire à caractère unitaire, la loi applicable à toute question qui n'est pas régie par l'instrument communautaire pertinent est la loi du pays dans lequel il a été porté atteinte à ce droit.* »

fond aient pu considérer que le site ne visait pas le public de France[379].

Le choix, en Droit positif, de la *lex loci protectionis* a ses adeptes et ses détracteurs. Ces derniers préfèrent la loi du fait générateur, qui permet l'application d'une loi unique quel que soit le nombre de pays dans lesquels le dommage est réalisé et qui a le mérite de la sécurité juridique en ce qu'elle est plus prévisible pour eux. Mais la plupart des auteurs approuvent les textes et la jurisprudence, notamment, en ce qu'ils évitent la tentation pour un éditeur de site internet de s'installer dans un « *cyberparadis* » dans lequel la législation est très peu protectrice des œuvres, interprétations, brevets, marques et dessins ou modèles.

En définitive, la solution du conflit de juridictions et celle du conflit de lois ne sont pas semblables, bien qu'assez proches. Dans la plupart des cas, le juge compétent sera celui désigné par le *critère de l'accessibilité* alors que la loi applicable sera celle désignée par le *critère de la focalisation.*

---

379 Cass. com., 11 janv. 2005, n° 02-18.381, « Hugo Boss » : *Bull. civ.* IV, n° 8 ; *JCP* E, II, 71, note C. Castets-Renard ; *Comm. com. électr.* 2005, comm. 37, note C. Caron : le site prétendument contrefaisant était rédigé en langue étrangère et les produits n'étaient pas disponibles à l'achat en France.

La contrefaçon transfrontalière en droit comparé franco-allemand[380]

Christof VIÈL

La contrefaçon transfrontalière permet de comparer les systèmes juridiques de différents pays et de constater que, malgré des efforts d'harmonisation (telle que la directive 2004/48/CE[381]), des différences significatives subsistent encore entre ces systèmes nationaux. La présente contribution a pour but d'illustrer quelques aspects de la contrefaçon transfrontalière en matière de brevets pouvant intéresser le praticien intervenant dans le domaine franco-allemand.

I. Présentation de deux cas

La présente étude est basée sur deux cas réels traités dans les domaines de la viticulture et de la commercialisation du vin.

1. Premier cas

Le premier cas porte sur la contrefaçon d'un brevet européen appartenant à une société allemande concernant un piquet en tôle pour la viticulture. Avec une automatisation de plus en plus forte de la viticulture et notamment l'utilisation de plus en plus répandue des récolteuses mécaniques, les piquets en tôle remplacent au fur et à mesure les piquets en bois dans les vignobles. L'avantage majeur des piquets en tôle réside dans le fait que le fil reliant les piquets puisse être sorti

---

[380] La présente contribution reprend la communication orale présentée à la cinquième rencontre lorraine de la propriété intellectuelle du 21/03/2017, rencontre à laquelle l'auteur a été convié. Il en remercie une nouvelle fois les organisateurs. L'auteur remercie également Léa Grandemange, LL.M. pour l'attentive relecture du manuscrit.

[381] Directive 2004/48/CE du Parlement européen et du Conseil du 29 avril 2004 relative au respect des droits de propriété intellectuelle, JOUE n°157 du 30 avril 2004, page 45.

du piquet lors de la récolte, et remis ensuite à la fin de celle-ci. Le brevet européen porte sur une forme particulière des crochets portant le fil, afin d'éviter que le batteur de la récolteuse mécanique ne tape sur le crochet et ne le rentre dans le trou créé lors de l'estampage des crochets.

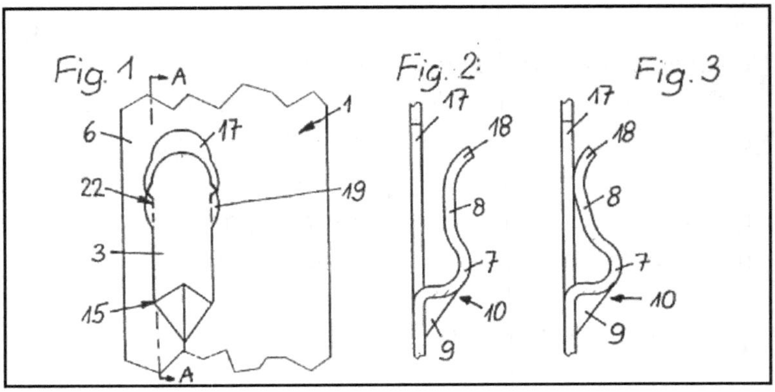

Des achats d'échantillons et le site internet du fournisseur espagnol montrent que le brevet européen est contrefait en Espagne, en France et en Allemagne par un fournisseur espagnol et des revendeurs locaux. Il a été décidé d'agir en France puisque le marché français est le plus important pour le titulaire du brevet.

2. Deuxième cas

Le deuxième cas concerne la contrefaçon d'un brevet européen appartenant à une société française portant sur un conteneur en matière plastique contenant du vin et fermé par un opercule. Afin d'assurer une bonne conservation du vin, il faut réduire au minimum l'atmosphère gazeuse située entre le vin et l'opercule. Dans ce but, l'opercule présente des déformations locales permettant de l'enfoncer et de minimiser ainsi l'espace de tête entre le vin et l'opercule.

FIG. 12

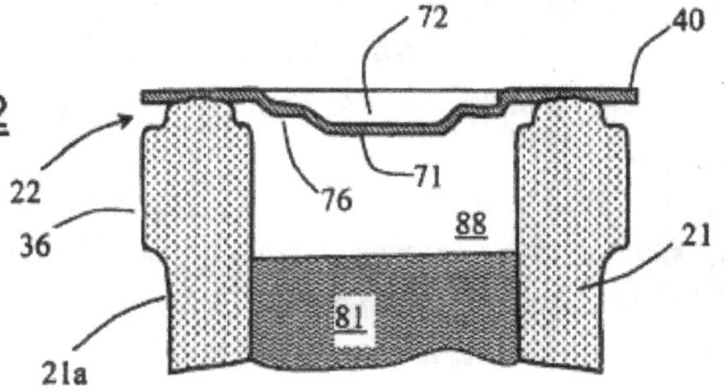

Des achats d'échantillons de ce conteneur et le site internet de la société prétendument contrefactrice montrent que le brevet est contrefait en Belgique et en Allemagne par une société allemande. Il a été décidé d'agir en Allemagne où se trouve le siège de cette société.

II. Les moyens de preuve

Avant d'assigner le contrefacteur, le titulaire du brevet, à qui incombe la charge de la preuve, doit s'assurer qu'il dispose de preuves suffisantes pour fonder ses prétentions. Il subsiste des différences significatives entre les procédures française et allemande pour accéder à ces preuves.

1. Saisie-contrefaçon / droit de visite

Dans le premier cas, les piquets ne peuvent pas être achetés librement, mais doivent être commandés auprès de fournisseurs intermédiaires. Par conséquent, il a fallu recourir à une saisie-contrefaçon afin de disposer d'une preuve de la contrefaçon.

En matière de brevets, la saisie contrefaçon est régie par l'art. L. 615-5 du code de la propriété intellectuelle (CPI)[382] :

« *La contrefaçon peut être prouvée par tous moyens.*

[382] Passages surlignés en gras par l'auteur.

À cet effet, toute personne ayant qualité pour agir en contrefaçon est en droit de faire procéder ***en tout lieu*** *et par tous huissiers, le cas échéant assistés d'experts désignés par le demandeur, en vertu d'une ordonnance rendue sur requête par la juridiction civile compétente, soit à* ***la description détaillée****, avec ou sans prélèvement d'échantillons, soit à* ***la saisie réelle*** *des produits ou procédés prétendus contrefaisants ainsi que de tout document s'y rapportant. L'ordonnance peut autoriser la saisie réelle de tout document se rapportant aux produits ou procédés prétendus contrefaisants en l'absence de ces derniers.* »

Le déroulement de la saisie-contrefaçon du premier cas comprenait les étapes suivantes :

- Une requête a été rédigée et adressée au Président du Tribunal de grande instance de Paris, cette requête décrivant le brevet concerné, les parties, la raison pour laquelle le titulaire du brevet considérait que son brevet était contrefait et les mesures demandées : description et saisie réelle dans les locaux du contrefacteur, détermination de l'étendue de la contrefaçon.
- Une ordonnance de saisie-contrefaçon a été obtenue qui était valable un mois.
- Ensuite, la saisie-contrefaçon a été préparée avec l'huissier de justice qui devait être informé du produit argué de contrefaçon recherché et du lieu où le titulaire du brevet supposait retrouver ce produit.
- Le jour de la saisie-contrefaçon, l'huissier et le conseil en propriété industrielle se présentent à la société, l'huissier notifie l'ordonnance et permet à la personne saisie de contacter son avocat. Ensuite, les opérations de saisie-contrefaçon commencent avec l'achat d'échantillons (saisie réelle) et la description détaillée du produit saisi dans un procès-verbal (saisie descriptive), mentionnant également les photocopies de pièces comptables concernant cet objet.

Le saisissant dispose d'un délai de 20 jours ouvrables ou de 31 jours civils à compter de la date de la saisie-contrefaçon pour se pourvoir au fond.

Quelle aurait été la situation en Allemagne dans un tel cas de figure ?

En Allemagne, le paragraphe 140 c (1) de la loi sur les brevets (PatG[383]) dispose que :

« *Le titulaire du droit ou une autre personne autorisée peut requérir de la personne qui* **avec une probabilité suffisante** *fait usage d'une invention brevetée à l'encontre des §§ 9 à 13, qu'elle présente ou fasse inspecter un objet dont elle dispose ou un procédé objet du brevet* **si ceci est nécessaire pour fonder les revendications de celui-ci.** *Si la probabilité d'une contrefaçon à l'échelle industrielle est suffisante, la revendication comprend également la présentation de documents bancaires, financiers et de commerce. Dans la mesure où le contrefacteur présumé fait valoir qu'il s'agit d'informations confidentielles, le tribunal prend les mesures adéquates pour la protection adaptée au cas présent.* »[384]

En Allemagne, le secret industriel a longtemps prévalu sur le droit du titulaire du brevet d'agir en contrefaçon. Pendant longtemps, ce droit de visite n'était accordé que si tout un faisceau d'indices pouvait être présenté aux juges et si seule la visite des locaux pouvait permettre d'obtenir le dernier chaînon manquant.

Le Tribunal de grande instance de Düsseldorf a facilité l'obtention de ce droit de visite dans les locaux d'un contrefacteur sur la base du paragraphe 809 du code civil allemand (BGB), jurisprudence qui a été confirmée ensuite par la Cour fédérale de justice. [385]

Lors de la transposition en droit allemand de la directive 2004/48/CE du 29/04/2004[386], cette pratique a été introduite sous la forme du paragraphe 140 c dans la loi allemande sur

---

[383] PatG: Patentgesetz (Loi allemande sur les brevets).

[384] Traduction effectuée par l'auteur, passages surlignés en gras par l'auteur.

[385] Décision de la Cour fédérale de justice allemande « *Druckbalken* », BGH GRUR 1985, 512.

[386] cf. note 381.

les brevets, créant ainsi un équivalent allemand de la saisie-contrefaçon.[387]

Cependant, il reste le problème de la « *probabilité suffisante* » et de la question de la nécessité des preuves qu'exige le paragraphe 140 c de la loi sur les brevets. De ce fait, le juge allemand, saisi d'une requête d'un droit de visite, dispose encore aujourd'hui d'une marge d'appréciation plus importante que son collègue français.

Par ailleurs, bien que la procédure allemande permette également la saisie de documents financiers facilitant l'appréciation de l'étendue de la contrefaçon, cette procédure ne permet pas une saisie réelle.

2. Preuve d'achat / Constat d'achat

Les conteneurs du deuxième cas étaient librement disponibles dans le commerce et présentés sur le site internet de l'entreprise. En droit allemand, il suffit dans un tel cas de présenter au tribunal un ticket de caisse et les échantillons correspondants afin de prouver l'existence d'une contrefaçon.[388] Ces pièces sont déposées en même temps que l'assignation.

Quelle aurait été la situation en France dans un tel cas de figure ?

L'article L. 716-7 CPI prévoit que les actes de contrefaçon peuvent être prouvés par tout moyen. Cependant, une saisie-contrefaçon est onéreuse. De plus, si elle est jugée abusive, le saisissant risque d'être condamné à des dommages et intérêts.

---

[387] Loi allemande sur l'amélioration de l'application judiciaire de droits de propriété industrielle du 07/07/2008, entrée en vigueur le 01/09/2008.

[388] Dans le présent cas, les échantillons ont été acquis en Belgique, mais le nom et l'adresse du fabricant figurant sur l'opercule, le tribunal a accepté ces preuves d'achat.

La jurisprudence française a admis depuis longtemps les constats d'achat comme moyen de preuve valables.[389] Un constat d'achat est effectué par un huissier de justice, dont l'action est fortement encadrée. En effet, l'huissier de justice ne peut procéder lui-même à l'achat.[390] Il est par conséquent nécessaire de recourir à un tiers acheteur. L'huissier ne peut même pas entrer dans un magasin à l'insu de son propriétaire, bien que ceci soit ouvert au public.[391] Il peut certes faire des captures d'écran d'un site internet, mais ne peut pas procéder à un achat dans le cadre d'un constat d'achat sans s'identifier.[392]

En pratique, il faut que l'huissier attende devant le magasin pendant que le tiers acheteur rentre dans le magasin, y effectue l'achat et ressorte du magasin avec son achat. Ensuite, l'huissier dresse son procès-verbal, y décrit, de préférence de manière sommaire, le produit acheté et joint au procès-verbal la facture et des photos du produit. Il est recommandé de placer le produit acheté sous scellé.

Effectué correctement, le constat d'achat permet de prouver la contrefaçon à des frais bien inférieurs à ceux d'une saisie-contrefaçon.

Bien que le constat d'achat effectué en France soit moins onéreux et plus rapide qu'une saisie-contrefaçon, cette procédure est tout de même plus complexe (et coûteuse) que la présentation d'une preuve d'achat telle qu'elle est pratiquée en Allemagne.

3. Résumé

Lorsque le produit prétendument contrefaisant ne se trouve pas librement dans le commerce, une ordonnance de saisie-

---

389 Par exemple : CA Paris, 25 octobre 1993.
390 Cass. 1re chambre civ., 20 mars 2014.
391 CA Paris, 29 janvier 2010.
392 CA Versailles, 28 avril 2011.

contrefaçon peut être plus facilement obtenue qu'un droit de visite en Allemagne. Dans le cas contraire, la preuve d'achat telle que pratiquée en Allemagne est plus simple et moins onéreuse que le constat d'achat effectué par un huissier en France.

III. Procédure

Malgré tous les efforts d'harmonisation, le déroulement d'un procès en contrefaçon en France se distingue en beaucoup de points d'une action en contrefaçon menée devant un tribunal allemand.

1. Choix du tribunal

Tout d'abord, le titulaire d'un brevet peut souvent choisir devant quelle chambre spécialisée en matière de contentieux de brevets il souhaite porter l'affaire. Bien que le principe de base soit la compétence du tribunal de grande instance du domicile ou du siège du défenseur[393], il est possible de choisir le tribunal lorsque le produit prétendument contrefaisant se trouve sur internet. Dans ce cas-là, les règles de compétence du lieu du litige[394] permettent d'assigner devant l'une des 12 chambres spécialisées en matière de brevets. En pratique, les chambres de Düsseldorf, Mannheim, Hambourg et Munich, toutes les quatre futures chambres nationales de la Juridiction Unifiée des Brevets (JUB), sont préférées aux autres.

En France, un tel choix n'est pas possible : les articles L. 615-17 et R. 631-2 CPI centralisent toutes les affaires de contrefaçon de brevets à Paris.

2. Représentation/Plaidoirie

En France, les avocats profitent d'un monopole de représentation et de plaidoirie devant les tribunaux. De ce fait,

---

393 § 13 ZPO (ZPO : Zivilprozessordnung (Code de la procédure civile)).
394 § 32 ZPO.

les conseils en propriété industrielle ne peuvent pas intervenir à l'audience.

La situation est différente en Allemagne. Les *Patentanwälte*[395] allemands sont en effet autorisés à plaider devant les tribunaux civils (et peuvent même mener des procès seuls devant le Tribunal fédéral des brevets et – en matière de nullité de brevets – devant la Cour fédérale de justice). Il est donc tout à fait courant que lors d'un procès en contrefaçon un avocat allemand et un *Patentanwalt* plaident ensemble, le premier traitant en général les questions de droit et le deuxième les questions techniques.

3. Direction de la procédure

Le déroulement d'une audience en France est très différent d'une audience en Allemagne. Alors qu'en France, les avocats des deux parties plaident l'un après l'autre sans grande intervention de la part des juges, il est d'usage en Allemagne qu'un des juges introduise l'affaire en détail. Il présente alors les parties, leurs prétentions et requêtes et indique dans quelle mesure le tribunal tend à donner suite à celles-ci après la procédure écrite.[396] Il énumère les points qui restent à discuter lors de l'audience et en général, ce ne sont que ces points-là qui sont ensuite traités lors des plaidoiries, constituant de vrais échanges entre les représentants des parties et les juges.

Une autre différence réside dans le fait qu'en Allemagne, le juge qui introduit l'affaire tente bien souvent de trouver un compromis entre les parties conformément à la loi.[397] Si les parties donnent suite à cette proposition de conciliation, soit les juges invitent les parties à négocier un accord de leur côté,

---

395 « *Patentanwalt* » est l'équivalent allemand du conseil en propriété industrielle sachant que le *Patentanwalt* a toujours une formation de base scientifique ou technique. Pour la suite, le terme « *Patentanwalt* » est utilisé au lieu du terme « *conseil en propriété industrielle allemand* ».

396 Cette manière de procéder découle du § 139 ZPO.

397 § 278 ZPO.

soit ils assistent eux-mêmes à la rédaction d'un compromis qui est ensuite versé au protocole de l'audience.

4. Durée de la procédure

La durée de la procédure varie entre la France et l'Allemagne. Alors qu'en France, la durée moyenne d'un procès en contrefaçon de brevets est actuellement de plus de deux ans pour la première instance, les quatre tribunaux allemands mentionnés ci-dessus essayent d'attirer des affaires en proposant des durées moyennes de procès en contrefaçon de brevets extrêmement courtes, de l'ordre d'un an.

En Allemagne, les procès en contrefaçon de brevets ont des valeurs de litige importantes, sur la base desquelles non seulement les honoraires des avocats et des *Patentanwälte*, mais aussi les frais de justice sont calculés. Certains Länder, en premier la Rhénanie-Westphalie, ont compris l'intérêt d'attirer de nouvelles affaires au regard de ces frais de justice importants. En effet, ces frais permettent par exemple de bien équiper les tribunaux et, de ce fait, de proposer une justice bien rodée et attractive pour les titulaires de brevets allemands et étrangers. De cette manière, le Tribunal de grande instance de Düsseldorf traite à lui seul deux fois plus de litiges de brevets que le TGI de Paris.

5. Remboursement des frais

En France, le remboursement des frais est régi par l'art. 700 NCPC. Un montant fixé par le tribunal est alloué à la partie victorieuse en guise de remboursement de ses frais de procédure. Cependant, ce montant ne correspond que rarement aux frais réels de procédure. Le montant, souvent estimé, ne couvre en principe que les frais d'avocat, et non les frais de conseil en propriété industrielle.

En Allemagne, le tribunal ne se prononce dans son jugement que sur la répartition des frais de la procédure entre les parties et fixe la valeur de litige. Les honoraires des avocats et des

Patentanwälte, ainsi que les frais de justice remboursables, peuvent être déterminés sur la base de la loi allemande relative aux honoraires des avocats.[398]

Une procédure distincte de détermination des frais remboursable s'ensuit alors, au cours de laquelle chacune des parties détaille son calcul des frais encourus, y compris les frais de déplacement. Un agent du tribunal fixe ensuite sur cette base les montants alloués à la partie victorieuse. Il est possible de former un recours contre cette décision.

Cette manière de procéder permet un remboursement intégral des frais engagés par la partie victorieuse, à condition qu'elle n'ait pas signé un accord avec ses avocats ou *Patentanwälte* leur allouant des honoraires dépassant les montants prévus par la loi sur les honoraires des avocats.

IV. Perspectives

L'harmonisation du droit national en matière de contrefaçon de brevet avance. La transposition en droit national de la directive 2004/48/CE a rapproché le droit national des pays de l'Union Européenne en matière de brevets.

Malgré bon nombre de difficultés rencontrées lors de leur mise en place - avec dernièrement le Brexit et une action devant la Cour constitutionnelle allemande –, la juridiction unifiée des brevets et le brevet européen à effet unitaire se trouvent à un stade de préparation suffisamment avancé pour que l'on puisse espérer une entrée en vigueur en 2018. Cette juridiction permettra de rendre des jugements supranationaux en matière de contrefaçon et de nullité de brevet. Elle évitera la situation actuelle où un même produit peut être considéré comme contrefaisant dans un pays et comme non-contrefaisant dans un autre, et ceci bien que le brevet considéré soit identique dans les deux pays. Le temps où un brevet identique

---

398 RVG : Rechtsanwaltsvergütungsgesetz.

est révoqué dans un pays et maintenu dans l'autre au vu d'un état de la technique identique sera enfin révolu.

Cependant, il sera possible d'échapper à la juridiction unifiée en déposant des brevets nationaux. De nombreuses entreprises envisagent cette solution, notamment pour des brevets considérés comme «*faibles*» afin d'éviter une révocation avec effet pour tous les pays participant à la juridiction unifiée des brevets. Le droit national avec ses particularités a donc encore de beaux jours devant lui.

La Douane et la lutte contre la contrefaçon

Christian LEBLANC

Introduction

Définie comme l'imitation ou la reproduction frauduleuse d'un objet, d'une œuvre ou d'une monnaie et comme l'« *usurpation du droit de propriété littéraire, artistique, commerciale ou industrielle d'un autre* »[399], la contrefaçon consiste en une atteinte au droit de la propriété intellectuelle (DPI). Elle concerne aussi bien la propriété littéraire et artistique, que les brevets, dessins ou modèles, ainsi que les indications d'origine géographique.

Les conséquences de la contrefaçon sont lourdes en matière économique, car elle induit un manque à gagner pour l'entreprise victime et porte préjudice à son image (parasitage), mais aussi en matière de sécurité publique, que ce soit en proposant au consommateur des produits potentiellement dangereux, ou en procurant des ressources financières à des organisations criminelles ou terroristes.

À l'ère de la production de masse et de la mondialisation, la lutte contre la contrefaçon est une nécessité pour les pouvoirs publics, qui ont dû développer des outils spécialisés, qu'il s'agisse d'un appareil réglementaire adapté ou de structures dédiées et d'instruments de coopération, avec pour objectif constant la protection des intérêts économiques comme de ceux du public. Une part majoritaire des produits contrefaisants provenant de pays situés hors des frontières de l'UE, les services douaniers jouent un rôle de premier plan dans l'interception de ces produits lors de leur importation sur le marché communautaire.

---

[399] *Dictionnaire Larousse.*

La contrefaçon aujourd'hui

Typologie de la contrefaçon

Dans l'imaginaire collectif, ce sont d'abord les produits de luxe et les marques prestigieuses qui font l'objet de contrefaçon. S'il est vrai que les vêtements, chaussures, accessoires de mode, ainsi qu'un certain nombre de marques mondialement connues sont toujours très fortement représentées dans le classement des produits saisis, il convient d'observer que la contrefaçon touche aujourd'hui l'ensemble des biens de consommation, y compris des biens à faible valeur ajoutée. Ainsi, les jouets, le matériel de téléphonie et des produits de toilette se retrouvent-ils au palmarès des saisies douanières, aux côtés des médicaments et produits alimentaires. Loin de ne viser que de grandes marques détenues par des multinationales, le marché du faux concerne potentiellement tous les produits, comme le montrent les saisies douanières réalisées ces dernières années :

- 2013 : découverte à Mulhouse de 10 512 tickets contrefaisant la marque « *ticket restaurant* » dans le fret express ;
- 2016 : saisie dans le fret de paquets de tabac contrefaisant une marque et de timbres fiscaux falsifiés ;
- 2017 : démantèlement d'un atelier contrefaisant des articles textiles en région parisienne ;
- 2017 : saisie dans le fret de 2000 chaises contrefaisant un modèle protégé.

Cette hausse, en volume comme en diversité, des produits contrefaisants échangés a pour principale conséquence que l'ensemble des consommateurs et des entreprises peut être touché par ce phénomène. À l'heure actuelle, aucun secteur n'est épargné par les copies. De même, les produits contrefaisants sont distribués tant sur les marchés dits « *secondaires* », où les consommateurs achètent intentionnellement des produits contrefaisants, que sur les marchés « *primaires* », où les acquéreurs sont trompés, pensant acheter des articles authentiques.

Ampleur du phénomène

En 2016, les douanes françaises annoncent avoir saisi 9,24 millions d'articles de contrefaçon, ce qui constitue un record historique.[400]

Selon un rapport de l'OCDE publié en 2016[401], les importations de produits contrefaits et piratés s'élevaient, en 2013, à près de 500 milliards de dollars par an, soit environ 2,5 % des importations mondiales, et environ 5 % des importations sur le territoire de l'UE, soit 85 milliards d'euros.

En Lorraine, pour l'année 2016, les services douaniers ont saisi un total de 310 000 articles de contrefaçon.

Circuits

Si la Chine reste le principal pays de production de marchandises portant atteinte à la propriété intellectuelle[402], celles-ci peuvent provenir de tous les pays, y compris au cœur même de l'Union européenne[403] où des unités de production sont régulièrement démantelées.

Les circuits de distribution des produits contrefaits ont évolué avec les habitudes de consommation et l'analyse des constatations montre depuis quelques années une progression sensible des envois par les circuits postaux ou de fret express. L'Internet et le commerce électronique prenant une part croissante du commerce international, l'achat en ligne est désormais l'un des principaux vecteurs de distribution des produits de contrefaçon. Les réseaux sociaux n'échappent pas à cette tendance et comptent au nombre des nouveaux modes

---

400 http://www.douane.gouv.fr/Portals/0/fichiers/douane/resultat-2016/resultats-2016.pdf

401 http://www.oecd.org/governance/trade-in-counterfeit-and-pirated-goods-9789264252653-en.htm

402 Les nouvelles routes de la contrefaçon, *Les Echos*, le 07/08/2017. Cf infographie en annexe.

403 Rapport de situation 2017 sur la contrefaçon et le piratage au sein de l'Union européenne www.europol.europa.eu www.euipo.europa.eu

de diffusion des marchandises contrefaites.

Pour les acteurs de ces trafics, l'acheminement de petits envois par la poste ou par service express contribue également à limiter les risques de se faire repérer et à éviter les sanctions ou des pertes financières importantes.

Risques

Impact économique :

L'UNIFAB évalue entre 200 et 300 milliards d'euros par an - dont plus de 6 milliards d'euros pour les entreprises françaises -, le manque à gagner dû à la contrefaçon et estime que celle-ci conduit à une importante perte d'emplois (dès 1998 une étude commandée par l'UNIFAB évaluait à 38 000 la perte annuelle des emplois en France). D'après les données publiées par Europol, en 2013, ce chiffre dépasserait 600 000 pour l'ensemble du territoire communautaire.[404]

Au-delà des pertes en termes de chiffre d'affaires et d'emplois, parfois délicates à évaluer, cette activité illicite peut également devenir un frein en matière d'investissements pour des entreprises dont les frais de recherche et de développement deviennent de fait plus difficiles à rentabiliser.

En outre, la diffusion de copies, de qualité souvent discutable, ternit considérablement l'image de marque de l'entreprise victime d'un phénomène de parasitage.

La contrefaçon entraîne également de lourdes pertes de recettes fiscales pour les États, dans la mesure où les ventes réalisées et les revenus qui en découlent relèvent d'une économie souterraine échappant au circuit fiscal normal. En 2013, selon Europol, la perte fiscale due aux atteintes à la propriété intellectuelle était évaluée à 10 milliards d'euros.

---

[404]https://www.europol.europa.eu/crime-areas-and-trends/crime-areas/intellectual-property-crime

Sécurité publique

À en croire Interpol, « *la contrefaçon est une activité criminelle à part entière qui n'est pas en périphérie des autres activités criminelles, mais au cœur de celles-ci* ». Des rapports récents montrent un lien de plus en plus évident entre les trafics de contrefaçons et les réseaux du crime organisé et du terrorisme.

Ainsi, les services douaniers de Strasbourg ont-ils par deux fois, en 2012 puis en 2016, participé au démantèlement de filières d'approvisionnement en contrefaçons de vêtements et accessoires de mode mises en œuvres par des groupes organisés par ailleurs bien connus des services de police dans le cadre de trafics de stupéfiants. Le Service National de Douane Judiciaire (SNDJ) a été saisi du dossier pour la poursuite des investigations.

L'excellente rentabilité de ce type de trafic associée à un niveau de sanctions relativement faible, par comparaison avec les trafics de stupéfiants ou d'armes, font des atteintes aux DPI une activité extrêmement lucrative pour les réseaux internationaux du crime organisé.

Un rapport publié par l'UNIFAB en 2016[405] souligne que « *Les informations recueillies depuis plusieurs années prouvent l'existence de connexions étroites entre les réseaux de contrefacteurs et un certain nombre d'organisations terroristes identifiées.* » Il est par ailleurs avéré que la contrefaçon, notamment de vêtements, a joué un rôle important dans le financement des attentats terroristes perpétrés en France en janvier et novembre 2015.

Sécurité du consommateur :

Les produits contrefaisants, en tant que copies, généralement bas de gamme, des produits authentiques, sont loin d'être sans risque pour le consommateur. Médicaments et dispositifs médicaux, bien sûr, mais aussi pièces automobiles, jouets ou

[405] http://www.unifab.com/wp-content/uploads/2016/06/Rapport-A-Terrorisme-2015_FR_42.pdf

produits alimentaires, sont de nature à mettre la vie et la santé des consommateurs en danger dès lors qu'ils ne font l'objet d'aucune traçabilité et ne respectent pas les normes de sécurité imposées aux produits légitimes.

Le faux peut ainsi s'avérer dangereux du fait de la présence de substances chimiques interdites (teneur en plomb pour des jouets ou de la bijouterie de fantaisie, par exemple), d'un dosage fantaisiste voire de l'absence du principe actif pour les médicaments, ou, plus généralement, du non-respect de normes de qualité et de sécurité (matériel électrique, pièces automobiles, lunettes de soleil, préservatifs, etc.).

Moyens de lutte contre la contrefaçon

Juridiquement, la contrefaçon est la violation d'un droit de propriété intellectuelle protégé par la réglementation communautaire et les lois de propriété intellectuelle nationales. La douane, chargée de la police des marchandises, se trouve de fait dans une position idéale pour intercepter les chargements frauduleux. Pour l'exercice de cette mission, la douane française dispose d'un cadre législatif spécifique qui lui confère des moyens d'action variés. Elle a su, en outre, se doter d'outils adaptés et développer des relations de coopération avec les différents acteurs de la lutte anti-contrefaçons.

Cadre réglementaire

Règlement (UE) n°608/2013 du 12 juin 2013

Entré en vigueur le 1er janvier 2014, le règlement (UE) n°608/2013 répond à trois objectifs : élargir le champ d'intervention des douanes de l'Union européenne (UE) à l'ensemble des droits de propriété intellectuelle (DPI), harmoniser les pratiques dans l'UE et simplifier les procédures. À ce titre, le champ de compétence de la douane a été élargi à l'ensemble des DPI (topographies de produits semi-conducteurs, modèles d'utilité…) et le traitement des demandes d'intervention dans l'UE a été harmonisé. En outre, une procédure simplifiée de destruction des marchandises contrefaisantes a été généralisée.

Code de la propriété intellectuelle (CPI)

Le CPI, s'il définit d'abord le droit d'auteur et ses droits voisins, consacre sa deuxième partie à la propriété industrielle et y prévoit la protection des dessins et modèles, inventions et des connaissances techniques (brevets), marques de fabrique, de commerce ou de service et autres signes distinctifs. Y compris les indications d'origine géographique.

Les atteintes aux droits garantis par le Code de la propriété intellectuelle constituent un délit pénal. Le détenteur des marchandises, au même titre que le fabricant, encourt jusqu'à 400 000 euros d'amende et quatre ans d'emprisonnement.

La loi 2014-315, complétée par le décret 2015-427, aligne les dispositions du CPI sur celles du Règlement UE 608/2013, notamment en ce qui concerne la retenue des marchandises présumées contrefaisantes.

Code des douanes national

Le code des douanes confère aux agents des douanes les pouvoirs nécessaires pour contrer la fraude en matière de contrefaçon (articles 38, 414 et 67bis, en particulier). La contrefaçon, prohibée au titre de l'article 38-4 du code des douanes, est classée délit douanier.

Loi n° 2014-315 du 11 mars 2014 (chapitre V).

Décret n°2015-427 du 15 avril 2015.

Circulaire DGDDI n°FCPD1616711C du 04/07/2016[406].

Cette circulaire précise les modalités d'action des services douaniers dans la lutte contre les atteintes au DPI, dans le cadre du dépôt d'une Demande d'intervention (DI) par un opérateur.

---

[406] http://circulaire.legifrance.gouv.fr/index.php?action=afficherCirculaire&hit=1&r=41084.

Loi n° 2016-731 du 03 juin 2016.

Moyens légaux

Demande d'intervention

Prévue par le règlement (UE) n° 608/2013 et par le CPI, la demande d'intervention (DI) permet au titulaire d'un droit de propriété intellectuelle de demander à la douane de lui signaler la présence de marchandises susceptibles de porter atteinte aux droits visés dans la demande, afin qu'il prenne les mesures nécessaires – destruction ou action en justice – pour faire cesser cette atteinte. Elle doit permettre à la douane, grâce aux informations fournies par le titulaire de droit, de cibler les marchandises contrefaisantes, sans entraver le commerce licite.

La DI est gratuite et valable un an, renouvelable sur demande. Cette démarche a un caractère essentiellement préventif et peut intervenir en l'absence d'actes de contrefaçon avérés.

La DI communautaire (fondée sur le règlement UE 608/2013) permet l'interception des marchandises suspectes aux frontières extérieures de l'UE par les douanes d'un ou plusieurs États-membres, tandis que la DI nationale fondée sur le CPI permet la retenue des marchandises circulant sur le territoire national.

Retenue

La douane est compétente, au titre du règlement (UE) n° 608/2013 et du CPI, pour retenir les marchandises portant atteinte à l'ensemble des DPI. La procédure de retenue constitue l'outil privilégié par la douane pour lutter contre les contrefaçons. Elle a pour objet de permettre au titulaire de droit, qui a déposé une demande d'intervention (DI), de renforcer la protection de son ou ses droits de propriété intellectuelle (DPI) en donnant la faculté aux agents des douanes de bloquer, pour une durée limitée, les marchandises suspectées d'y porter atteinte.

La procédure de retenue peut être mise en œuvre par les agents des douanes lorsque ces derniers soupçonnent des marchandises de porter atteinte à un DPI, qu'une DI ait été déposée préalablement (retenue dite « *classique* ») ou non (retenue *ex officio*[407]).

Lieu du contrôle douanier

L'article 60 du code des douanes autorise les agents des douanes « *en vue de la recherche de la fraude* » à procéder à la visite des marchandises, des moyens de transport et des personnes. Cette autorisation générale permet donc aux services douaniers d'intervenir sur différents points du trajet de la marchandise.

Contrôles « *en frontière* » : cette notion englobe le moment du franchissement physique de la frontière par la marchandise (contrôles menés en aéroport sur les voyageurs en provenance des pays tiers, par exemple), mais aussi le franchissement « *administratif* », c'est-à-dire, le moment du dépôt de la déclaration en douane, qui peut avoir lieu en deçà des frontières physiques.

Contrôle à la circulation : les services douaniers sont également en mesure d'intercepter les marchandises de fraude en circulation sur le territoire national, qu'elles soient destinées à y rester ou qu'elles y soient simplement en transit vers une autre destination.

Contrôle dans des lieux privés : les articles 63ter et 64 du code des douanes étendent les pouvoirs de contrôle des agents des douanes aux locaux où sont susceptibles d'être détenues les marchandises contrefaisantes. Il peut s'agir des locaux à usage professionnel (article 63ter), mais aussi de « *tous lieux, même privés* » (article 64), dans le cas de la recherche des délits douaniers.

---

407 La retenue *ex officio*, d'une durée de 4 jours, a uniquement pour but de permettre au titulaire de droit ou à la personne habilitée de déposer une DI.

En outre, suite à la loi n°2014-315, renforçant la lutte contre la contrefaçon, l'article 66 du code des douanes permet aux agents des douanes l'accès aux locaux des prestataires de services postaux et des entreprises de fret express en vue de la recherche des infractions douanières.
L'article 67bis enfin permet aux agents des douanes de surveiller l'acheminement des envois suspectés de contrefaçon jusqu'à leur destination, de manière à identifier le destinataire réel des marchandises.

Saisie

Les contrefaçons constituent également des marchandises prohibées au titre de l'article 38 du code des douanes. Les agents des douanes ont, par conséquent, la faculté, sous certaines conditions énoncées par le code précité, de constater une infraction douanière et de saisir les marchandises dont le caractère contrefaisant est établi.

En principe, la retenue des marchandises précède leur saisie, mais les agents des douanes peuvent procéder à la saisie sans recourir à la retenue face à de petites quantités de marchandises, dont le caractère contrefaisant est manifeste, ce qui est souvent le cas en fret express, en fret postal ou pour les voyageurs.

Un arrêt récent de la Cour de cassation[408] confirme que « *les faits d'importation de marchandises contrefaisantes caractérisent le délit douanier d'infraction d'importation de marchandises prohibées et autorisent les services des douanes à procéder à la saisie de ces marchandises, peu important que celles-ci aient été ou non préalablement retenues* ». Le délit douanier portant sur des prohibitions frappe les faits de deux incriminations distinctes : l'une relève du droit douanier et l'autre du droit commun. La préservation de l'ordre public que constitue la saisie des marchandises prohibées n'est donc pas subordonnée à la procédure de

[408] Cour de cassation, arrêt n°1029 du 05 juillet 2017.

retenue destinée, pour sa part, à protéger les intérêts privés. Cette décision consacre le principe d'autonomie de l'action des douanes s'agissant d'infractions mixtes.

Destruction

Le règlement (UE) n° 608/2013 introduit une procédure de destruction simplifiée, qui permet la destruction des marchandises retenues sans l'intervention du juge dès lors que le titulaire de droit a confirmé leur caractère contrefaisant, qu'il a donné son accord pour leur destruction et que le déclarant ou le détenteur a lui aussi donné son accord.

Ainsi, en 2017, suite à un ciblage réalisé localement dans le cadre de la recherche de la fraude sur Internet, les agents de la direction régionale des douanes de Nancy ont découvert, dans des locaux à usage professionnel (article 63-ter du Code des douanes national), des tapis de sol pour automobiles, qu'ils ont placés en retenue sur la base de l'article 716-8 du CPI. Les sociétés titulaires des droits ont reconnu le caractère contrefaisant des marchandises et ont sollicité la mise en œuvre de la procédure de destruction simplifiée. Le propriétaire ne s'y étant pas opposé, les marchandises peuvent donc faire l'objet d'une destruction simplifiée par les services douaniers.

Sanctions spécifiques

Outre les peines de droit commun prononcées au titre du Code de la propriété intellectuelle, le code des douanes prévoit des sanctions spécifiques réprimant le délit douanier constitué par la contrefaçon.

Ainsi, l'article 414 dispose que les infractions douanières qui se rapportent à des marchandises prohibées au sens de l'article 38-4 « *sont passibles d'un emprisonnement de trois ans, de la confiscation de l'objet de fraude, de la confiscation des moyens de transport, de la confiscation des objets servant à masquer la fraude, de la confiscation des biens et avoirs qui sont le produit direct ou indirect de l'infraction et d'une amende comprise entre une et deux fois la valeur de l'objet de fraude* ».

La peine d'emprisonnement peut être portée à dix ans et l'amende peut s'élever jusqu'à dix fois la valeur de l'objet de la fraude si les faits portent sur des marchandises dangereuses pour la santé, la moralité ou la sécurité publiques, dont la liste est fixée par arrêté du ministre chargé des douanes, ou lorsqu'ils sont commis en bande organisée.

Moyens techniques

Base de données COPIS (SOPRANO)

Le règlement UE n°608/2013 crée une base de données centrale de la Commission destinée à permettre l'échange des informations relatives aux demandes d'intervention entre les autorités douanières des différents États membres de l'UE. Les autorités douanières des États membres et la Commission ont accès aux informations contenues dans la base de données centrale, dans la mesure où elles en ont besoin pour assumer les responsabilités légales qui leur incombent.

Cette base de données permet aux services douaniers de l'Union européenne de disposer d'informations, en provenance directe des titulaires de droits, leur permettant de retenir les marchandises suspectées de contrevenir à un DPI le temps nécessaire pour permettre au titulaire de déterminer le caractère contrefaisant et, le cas échéant, de décider d'une action en justice.

Cyberdouane

Face à l'importance croissante des échanges électroniques, la douane française a développé une structure spécialisée dans la recherche de la fraude sur internet. La cellule Cyberdouane joue naturellement un rôle important dans la lutte contre la contrefaçon sur les réseaux électroniques. Composée d'analystes en cybercriminalité, elle est compétente pour mener des investigations sur le réseau Internet (y compris le « *Darknet* », qui est la partie cachée de l'Internet). L'article

67bis-1 du Code des douanes lui permet également d'infiltrer les réseaux de fraude sur Internet pour la recherche des délits douaniers. Le travail de la cellule Cyberdouane s'appuie également sur une « *veille* » Internet et des investigations conduites au niveau local par les services de terrain, dans le cadre d'un travail en réseau.

En 2016, la recherche de la fraude en ligne au niveau local a notamment permis aux services douaniers lorrains de saisir 6 392 articles de mercerie (boutons, cabochons, perles, stickers, etc.) chez une auto-entrepreneuse qui vendait ses produits via un site spécialisé.

Partenaires et coopération internationale

La contrefaçon étant une activité criminelle transnationale, dont les circuits sont diffus et volatils par nature, l'organisation de la riposte et la mise en place de contre-mesures ne sauraient reposer sur une seule institution ou un seul type d'acteurs. Dans sa lutte, la douane s'appuie sur un certain nombre d'organismes et de conventions de coopération, au niveau international, communautaire comme au niveau national.

Au niveau international

Organisation Mondiale de la Propriété Intellectuelle (OMPI) : le Congrès mondial sur la lutte contre la contrefaçon et le piratage réunit différents partenaires publics et privés (parmi lesquels Interpol et l'OMD) pour mettre en commun leurs expériences, améliorer la coordination et la coopération internationales et trouver des solutions plus efficaces pour réaliser l'objectif commun de la lutte contre la contrefaçon et le piratage.

Groupe de l'OMD sur la contrefaçon et le piratage (CAP) : créé en 2009, ouvert à tous les États membres de l'OMD, il constitue un mécanisme de dialogue concernant les mesures à prendre aux frontières pour lutter contre la contrefaçon des marques de fabrique et de commerce et le piratage des droits d'auteur.

L'ISO (Organisation internationale de normalisation) travaille également à la mise en place de normes permettant de protéger les DPI (normes visant les dispositifs d'identification et de traçabilité des produits, le management de la sécurité, etc.)

Au niveau communautaire

DG TAXUD/B1 : organe de la Commission européenne, la mission de la Direction Générale Fiscalité et Union Douanière (DG TAXUD) est de développer et de gérer l'Union Douanière, un des piliers de l'Union Européenne, et de développer et de gérer la politique fiscale au sein de l'UE pour le bien des citoyens des entreprises et des Etats membres. Ses missions incluent de gérer et sécuriser la frontière extérieure commune, lutter contre les flux de commerce illicite et renforcer la sécurité de la chaîne logistique internationale.

EUIPO : L'Observatoire européen des atteintes aux droits de propriété intellectuelle est un réseau d'experts publics et privés et de parties prenantes spécialisées, destiné à mieux appréhender la réalité de ces atteintes et à développer des outils de lutte contre celles-ci. La sensibilisation des acteurs économiques, entreprises comme consommateurs, aux dangers de la contrefaçon est l'une de ses pistes de travail majeures.

Intellectual Property Crime Coordinated Coalition (IPC3) : structure européenne de lutte contre les atteintes à la propriété intellectuelle réunissant l'EUIPO et Europol, dont le rôle consiste notamment à centraliser l'information, coordonner les actions, faciliter les investigations transfrontalières et harmoniser les dispositifs de lutte contre la contrefaçon à l'échelle de l'UE. L'IPC3 est intégrée aux structures d'Europol.

Accords de libre-échange et accords de coopération

internationaux : la stratégie de l'Union en matière de contrôle du respect des DPI confère une large place à la coopération internationale et ce thème fait partie intégrante des négociations entre l'UE et ses partenaires commerciaux. Cette logique s'inscrit dans le sillage de l'accord sur les aspects des droits de propriété intellectuelle qui touchent au commerce (ADPIC), entré en vigueur en 1995, qui établit un cadre international de règles et de procédures concernant le commerce international de marchandises contrefaites et piratées. Cela se traduit également par des traités bilatéraux, comme le cadre stratégique de coopération douanière pour la période 2018-2020, signé lors du sommet UE-Chine qui s'est tenu à Bruxelles le 2 juin 2017, dans la suite du Plan d'action UE-Chine relatif aux mesures douanières assurant le respect des DPI (2009-2012), qui promeut une coopération douanière entre l'UE et la Chine, notamment en matière de DPI.

Au niveau national

INPI : Établissement public autofinancé et placé sous la tutelle du ministère chargé de la Propriété Industrielle, l'INPI participe activement à l'élaboration et la mise en œuvre des politiques publiques dans le domaine de la propriété intellectuelle, de soutien à l'innovation et à la compétitivité des entreprises et dans la lutte anti-contrefaçon. L'INPI contribue également à l'élaboration du droit de la propriété industrielle et représente la France dans les instances communautaires et internationales compétentes que sont l'Organisation mondiale de la propriété intellectuelle (OMPI), l'Office européen des brevets (OEB) ou l'Office de l'Union européenne pour la propriété intellectuelle (EUIPO). Au niveau national, il est un relais majeur de la lutte anti-contrefaçon, en charge du secrétariat général du Comité national anti-contrefaçon (CNAC).

CNAC : il s'agit d'un partenariat public-privé qui vise à renforcer l'échange d'informations et de bonnes pratiques, à coordonner des actions concrètes et à formuler de nouvelles propositions. Créé en 1995, il réunit, sous l'égide du ministre chargé de la propriété industrielle, des fédérations industrielles et artistiques, des associations professionnelles, des entreprises et les administrations concernées par la lutte anti-contrefaçon. Il traite des atteintes à l'ensemble des DPI.

UNIFAB : association créée en 1872 et reconnue d'utilité publique, l'UNIFAB regroupe aujourd'hui plus de 200 membres impliqués dans la protection de la propriété intellectuelle et la lutte contre la contrefaçon. L'UNIFAB fournit une assistance aux entreprises qui souhaitent faire valoir leurs droits dans ce domaine (aide au dépôt des demandes d'intervention et au dépôt de plainte) et organise des formations à destination des autorités publiques pour l'authentification des produits de l'entreprise et la détection de contrefaçons. Elle organise des événements comme la Journée Mondiale Anti-Contrefaçon et le Forum Européen de la Propriété Intellectuelle de l'Union des Fabricants, ainsi que des actions de sensibilisation à destination du grand public.

Conclusion

Les atteintes aux DPI sont un phénomène mondial, qu'aucune organisation publique ou privée ne saurait affronter seule. Dans un contexte de marché où les circuits de production et de distribution sont atomisés et extrêmement volatils et face à des enjeux de sécurité publique considérables, la lutte contre les atteintes aux droits de propriété intellectuelle passe par une action coordonnée entre les États dans le cadre d'une coopération internationale d'une part, et entre les acteurs publics et privés, d'autre part.

Face à une fraude transnationale, la coopération internationale paraît être l'un des principaux moyens de parvenir à enrayer la progression de ce marché, en fournissant aux pays concernés par ces trafics les outils réglementaires nécessaires pour identifier les filières de production et de distribution et mettre fin à leurs agissements.

La coordination entre acteurs publics et privés passe en premier lieu par un partenariat entre les titulaires de droits de propriété intellectuelle et les autorités douanières, permettant l'interception des flux illicites sans entraver le commerce licite. De ce point de vue, la douane française a su simultanément développer ses relations de partenariat avec les titulaires de droits, de manière à renforcer la coopération entre services de l'État et acteurs économiques et s'adapter aux évolutions du marché, notamment l'explosion du commerce électronique, en se dotant d'outils performants pour cibler efficacement les envois illicites et en mettant en œuvre les nouveaux moyens juridiques mis à sa disposition pour traquer et sanctionner les acteurs de ce commerce.

Annexe : Géographie de la contrefaçon

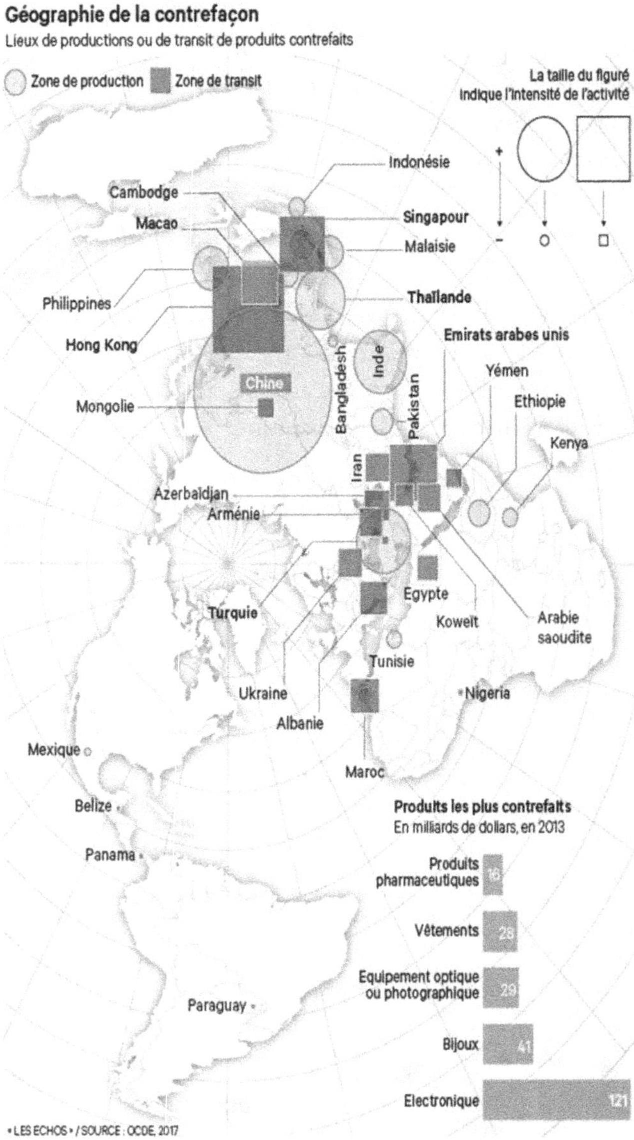

Infographie réalisée par le service infographie des Echos (source OCDE) Les nouvelles routes de la contrefaçon, LesEchos.fr 07/08/2017

LISTE DES CONTRIBUTEURS

- Sébastien EVRARD, U. de Lorraine, MCF-HDR en histoire du droit
- Thierry CHOFFAT, U. de Lorraine, MCF en sciences politiques
- Guillaume MICKELER, U. de Paris-XII Est, MCF en histoire du droit
- Samuel FEREY, U. de Lorraine, professeur d'Économie
- Jean-Luc PIOTRAUT, U. de Lorraine, MCF-HDR de droit privé, directeur adjoint de l'Institut François-Gény EA 7301
- François-Xavier LICARI, U. de Lorraine, MCF-HDR de droit privé
- Patrick TAFFOREAU, U. de Lorraine, professeur agrégé de droit privé
- Christof VIÈL, Conseil en propriété industrielle
- Christian LEBLANC, Directeur des Douanes françaises, Nancy

Questions juridiques
aux éditions L'Harmattan

Dernières parutions

EXISTE-T-IL ENCORE UN SEUL « NON BIS IN IDEM » AUJOURD'HUI ?
Sous la direction de Delphine Brach-Thiel
«Nul ne doit pouvoir être jugé et condamné deux fois à raison des mêmes faits.» Si le principe est simple, c'est précisément son interprétation par de très nombreuses juridictions - pas toujours à l'unisson - qui pose question et explique le retour de ces interrogations sur le devant de la scène aujourd'hui. L'analyse ici présentée se veut riche et féconde de la rencontre entre universitaires belges et français, entre praticiens et chercheurs, entre européanistes, internationalistes ou pénalistes.
(Coll. Comité international des pénalistes francophones, 23.50 euros, 230 p.)
ISBN : 978-2-343-11828-4, ISBN EBOOK : 978-2-14-004143-3

ESSAI SUR LA NOTION D'EXÉCUTION CONTRACTUELLE
Alvarez Isabelle
L'exécution contractuelle constitue la cause impulsive de l'établissement du contrat qui, paradoxalement, est un mécanisme trop familier pour être bien connu. Adopter une méthode d'analyse alternative permet d'esquisser une définition de cette notion juridique. Est ici proposée une approche dynamique des échanges contractualisés, orientés vers la réalisation satisfactoire de l'opération économique, démontrant que cette phase exécutoire recèle un panel étendu de perspectives. (Étude à jour de l'ordonnance n° 2016-131 du 10 février 2016 portant réforme du droit des contrats, du régime général et de la preuve des obligations).
(Coll. Logiques Juridiques, 45.00 euros, 486 p.)
ISBN : 978-2-343-12604-3, ISBN EBOOK : 978-2-14-004271-3

LES ACCORDS COLLECTIFS DE GROUPE
Théodoropoulos Alexandra - Préface de Gérard Vachet
De simple expérimentation issue de la pratique, la négociation collective de groupe est devenue un véritable niveau de négociation collective reconnue par le législateur. L'accord de groupe est désormais consacré comme une norme créatrice de droits et d'obligations entre employeurs et salariés du groupe, mais sa place dans la hiérarchie des normes n'a pas été précisée. Cette situation génère de nombreuses interrogations quant à sa portée et à ses limites.
(Coll. Logiques Juridiques, 44.00 euros, 440 p.)
ISBN : 978-2-343-12269-4, ISBN EBOOK : 978-2-14-004330-7

LA SIMPLIFICATION DU DROIT DES SOCIÉTÉS À L'AUNE DU CAS HONGKONGAIS
L'exemple des SARL et SAS
Tortellier Nathalie - Préface de Mme le professeur Catherine Barreau
Cette étude comparative puise dans les règles et mécanismes de la société fermée à risque limité hongkongaise des techniques pouvant fortement contribuer à l'assouplissement et à la simplification du droit des sociétés. L'analyse décortique la vie des SARL et SAS et propose l'application de la méthodologie pragmatique du droit hongkongais par thèmes dans un souci d'adaptabilité du droit français. Il ressort de cette analyse comparative 80 recommandations inspirées de la société hongkongaise pour développer une société outil au service de l'entreprise, une société adaptée et adaptable aux acteurs économiques contemporains.
(Coll. Logiques Juridiques, 49.00 euros, 638 p.)
ISBN : 978-2-343-11885-7, ISBN EBOOK : 978-2-14-004220-1

LE DROIT DE L'INFORMATIQUE
4e édition (2017)
Bismuth Yves
À travers l'étude des grands thèmes du droit de l'informatique (protection des logiciels et des données, contrats informatiques, protection des libertés, gestion du risque informatique), cet ouvrage permet au lecteur d'établir lui-même un diagnostic juridique des problèmes rencontrés à l'occasion de la mise en place d'un système informatique. Il est complété par des extraits de code, une bibliographie, un index et un lexique, et est à jour des dernières lois et décrets intervenus en la matière.
(38.00 euros, 436 p.)
ISBN : 978-2-343-11527-6, ISBN EBOOK : 978-2-14-004177-8

MÉTHODE ET ASPECTS FORMELS DE LA RECHERCHE
Petit manuel à l'usage des juristes (2e édition)
Marain Gaëtan
L'ouvrage propose un apprentissage de la recherche et de son formalisme qui doit permettre aux étudiants confrontés à la rédaction d'une thèse ou d'un mémoire en droit d'aborder ce travail avec sérénité. L'auteur donne ainsi une méthode pour définir le sujet, échafauder un plan et trouver la documentation utile. Est également abordée, entre autres, la question du référencement des sources et de la citation d'auteur. Des recommandations propres à l'organisation de la soutenance et à son bon déroulement sont prodiguées. Voici un guide à même d'éclairer les premiers pas du jeune chercheur en droit.
(15.50 euros, 138 p.)
ISBN : 978-2-343-12682-1, ISBN EBOOK : 978-2-14-004300-0

LA PROCÉDURE DE LIBÉRATION CONDITIONNELLE COMME OUTIL DE GESTION DU RISQUE
Ben Gadi Amélie - Préface de Joana Falxa
La procédure d'octroi de la libération conditionnelle des longues peines témoigne d'une sévérité accrue à leur égard. En imposant une évaluation de dangerosité, le législateur a souhaité «verrouiller» la procédure. Cependant, la notion de

dangerosité est très complexe à définir et ne fait l'objet d'aucune définition légale. Elle introduit la notion de gestion du risque, ouvrant le chemin vers une justice de précaution. La présente étude éclaire la problématique de la réinsertion des longues peines.
(Coll. Bibliothèques de droit, 15.00 euros, 132 p.)
ISBN : 978-2-343-11550-4, ISBN EBOOK : 978-2-14-004296-6

LETTRE À TOUS CEUX QUI PERSISTENT À VOULOIR FAIRE LEUR DROIT
Charles Thierry
Le droit court derrière la «révolution numérique». Les algorithmes nous espionnent et restreignent les libertés publiques, ils calculent les indemnités au service des compagnies d'assurances. La diminution lente et continue des services chargés de veiller à l'application du droit affaiblit et parfois anéantit l'efficacité de ces lois. L'échec de la loi Hadopi est significatif à cet égard. Le mal est en fait bien plus profond et ne date pas d'hier. Nous vivons une époque de démolition des codes établis. Si le droit est partout, en définitive il n'est nulle part...
(20.50 euros, 204 p.)
ISBN : 978-2-343-12343-1, ISBN EBOOK : 978-2-14-004306-2

FÊTE ET DROIT PUBLIC
Sous la direction d'Adrien Azarete, Elie Guerrero et Thomas Moretto
S'inscrivant dans une approche globale et élargi à tout le droit public, le présent ouvrage, issu du colloque « Fête du Droit Public », a pour objet l'étude de l'application du droit public dans la fête par les différents acteurs de cette branche du droit. De l'autorisation de la fête à sa responsabilité, en passant par son organisation, son coût et sa sécurité, le droit public est présent partout, de par l'évidente présence et implication de la puissance publique et des collectivités territoriales.
(Coll. Bibliothèques de droit, 20.00 euros, 192 p.)
ISBN : 978-2-343-11018-9, ISBN EBOOK : 978-2-14-003946-1

LA DÉMOCRATIE EN DROIT INTERNATIONAL
Étude critique sur le statut juridique de la démocratie en droit international et la légitimité de l'imposer par la force
Alshiabani Abuhamoud
En droit international, la démocratie était jusqu'à très récemment absente. Malgré les appels lancés au début du 20e siècle, celui-ci a toujours considéré la démocratie comme une idéologie dans laquelle il ne doit pas s'impliquer. Après la fin de la Guerre froide et la victoire de la démocratie libérale, la démocratie s'est renforcée au plan international. Elle a exercé une pression considérable sur le droit international pour qu'il s'adapte aux nouvelles exigences des réalités politiques. Cet ouvrage traite de ce sujet et montre le contexte dans lequel se sont développés la démocratie et le concept d'ingérence démocratique.
(Coll. Logiques Juridiques, 39.00 euros, 408 p.)
ISBN : 978-2-343-10818-6, ISBN EBOOK : 978-2-14-003833-4

LES PRINCIPES GÉNÉRAUX DANS LA JURISPRUDENCE DE L'ORGANE DE RÈGLEMENT DES DIFFÉRENDS DE L'OMC
Aydi Ghozzi Mariem - Préface de Slim Laghmani
Représentant la justice marchande, le Système de règlement des différends de l'organisation Mondiale du Commerce (OMC) est censé rendre une meilleure justice. Bien qu'il ne constitue pas une véritable juridiction, il chemine sur les traces du juge international dans la détermination et la régulation du sens du droit de cette organisation, les principes généraux devraient en constituer des instruments de moralisation et de développement. Cependant, la méthode par laquelle l'organe de règlement des différends appréhende lesdits principes mérite une attention particulière.
(Coll. Droit aujourd'hui, 37.50 euros, 368 p.)
ISBN : 978-2-343-12079-9, ISBN EBOOK : 978-2-14-004047-4

LA RESPONSABILITÉ DES ENTREPRISES MULTINATIONALES POUR LES VIOLATIONS DES DROITS DE L'HOMME EN AFRIQUE
Opportunités et défis
Belporo Christelle
La question de la responsabilité des entreprises multinationales pour les violations des droits de l'homme est d'une actualité brûlante. Alors qu'à travers le monde les scandales se multiplient, sur le continent africain, des voix s'élèvent pour dénoncer les nombreuses violations des droits internationalement protégés. Cet ouvrage évalue les réponses offertes par le droit pour l'encadrement de la responsabilité juridique des entreprises multinationales à l'aune des instruments internationaux et africains.
(Coll. Études africaines, 20.50 euros, 200 p.)
ISBN : 978-2-343-11365-4, ISBN EBOOK : 978-2-14-004005-4

CONCEPTS ET PRATIQUES PROFESSIONNELLES EN DOUANES
Origines, procédures, régimes et valeur
Bouga Boukari Dan
Ce livre explique d'abord les concepts, c'est-à-dire le vocabulaire douanier de façon à ne saisir que l'essentiel. Il expose ensuite les exigences des pratiques douanières pour tous les scénarios du commerce international. II procède enfin à des illustrations pour une meilleure compréhension des droits et obligations des opérateurs en douane.
(Harmattan Côte-d'Ivoire, 20.00 euros, 184 p.)
ISBN : 978-2-343-11805-5, ISBN EBOOK : 978-2-14-004075-7

L'HARMATTAN ITALIA
Via Degli Artisti 15; 10124 Torino
harmattan.italia@gmail.com

L'HARMATTAN HONGRIE
Könyvesbolt ; Kossuth L. u. 14-16
1053 Budapest

L'HARMATTAN KINSHASA
185, avenue Nyangwe
Commune de Lingwala
Kinshasa, R.D. Congo
(00243) 998697603 ou (00243) 999229662

L'HARMATTAN CONGO
67, av. E. P. Lumumba
Bât. – Congo Pharmacie (Bib. Nat.)
BP2874 Brazzaville
harmattan.congo@yahoo.fr

L'HARMATTAN GUINÉE
Almamya Rue KA 028, en face
du restaurant Le Cèdre
OKB agency BP 3470 Conakry
(00224) 657 20 85 08 / 664 28 91 96
harmattanguinee@yahoo.fr

L'HARMATTAN MALI
Rue 73, Porte 536, Niamakoro,
Cité Unicef, Bamako
Tél. 00 (223) 20205724 / +(223) 76378082
poudiougopaul@yahoo.fr
pp.harmattan@gmail.com

L'HARMATTAN CAMEROUN
TSINGA/FECAFOOT
BP 11486 Yaoundé
699198028/675441949
harmattancam@yahoo.com

L'HARMATTAN CÔTE D'IVOIRE
Résidence Karl / cité des arts
Abidjan-Cocody 03 BP 1588 Abidjan 03
(00225) 05 77 87 31
etien_nda@yahoo.fr

L'HARMATTAN BURKINA
Penou Achille Some
Ouagadougou
(+226) 70 26 88 27

L'HARMATTAN SÉNÉGAL
10 VDN en face Mermoz, après le pont de Fann
BP 45034 Dakar Fann
33 825 98 58 / 33 860 9858
senharmattan@gmail.com / senlibraire@gmail.com
www.harmattansenegal.com

www.ingramcontent.com/pod-product-compliance
Lightning Source LLC
LaVergne TN
LVHW010937061026
849535LV00007B/2451